Aleksandr Gustavovich Brikner

Zur Geschichte des Reichstages zu Worms

Die Verhandlungen über das Regiment, 1521

Aleksandr Gustavovich Brikner

Zur Geschichte des Reichstages zu Worms
Die Verhandlungen über das Regiment, 1521

ISBN/EAN: 9783743614956

Hergestellt in Europa, USA, Kanada, Australien, Japan

Cover: Foto ©ninafisch / pixelio.de

Weitere Bücher finden Sie auf **www.hansebooks.com**

Zur

Geschichte des Reichstages

zu Worms 1521.

Die Verhandlungen über das Regiment.

———

Inauguraldissertation

von

Alexander Brückner.

———

Heidelberg.
Druck von Georg Reichard.
1860.

Vorbemerkung.

Die Versuche einer Reichsreform, welche das Ende des 15. und den Anfang des 16. Jahrhunderts auszeichnen, haben bisher in der deutschen Reichsgeschichte eine ihrer Bedeutung nur wenig entsprechende Stelle gefunden. Theils mag das Interesse an den Vorgängen der Reformation im engern Sinne die Aufmerksamkeit, welche diesem Zeitraum gewidmet wurde, mehr für sich in Anspruch genommen haben, theils ist wohl erst bei tieferer Einsicht in die Reichstagsacten aus jener Zeit die Empfindung von der Bedeutsamkeit jener staatsrechtlichen Reformversuche hervorgetreten. Erst zwei neuere Werke: Ranke's Deutsche Geschichte im Zeitalter der Reformation und Droysen's Geschichte der Preußischen Politik, haben, so weit die Breite der erzählenden Darstellung es gestattete, auf die wesentlichsten Momente dieser Entwickelungsreihe aufmerksam gemacht. An diese Darstellungen mich lehnend unternehme ich es in dem Folgenden die Verfassungsarbeiten auf dem Reichstage zu Worms, 1521, mit deren Ergebniß die Reihe von Reformversuchen im Reiche gewissermaßen abschließt, zu betrachten. Das hiebei benutzte Material waren, außer

1*

den bekannten gedruckten Quellen, die auf diesen Reichstag bezüglichen Acten im königlichen Staatsarchiv zu Dresden und im Gemeinschaftlichen Sachsen-Ernestinischen Hauptarchiv zu Weimar. Es war erklärlich, daß die Ausbeute in dem letztern bedeutend ergiebiger sein mußte als in Dresden.

Heidelberg, 10. Juli 1860.

Gegen den Ausgang des Mittelalters hin war die Idee
vom heiligen Römischen Reich als der Gesammtheit der Chri-
sten zu sehr geringer Bedeutung herabgesunken. Die weltlichen Verhältnisse erforderten andere Grundlagen als eine
Theorie, die freilich nicht leicht aus der Anschauungsweise
der Jahrhunderte verschwinden konnte, mit welcher aber die
Thatsächlichkeit in grellem Widerspruch stand. Sie war gut
zum Argumentiren, aber von durchschlagender Wirkung war
sie nicht, und die deutschen Verhältnisse krankten an diesem
Zwiespalt. Hatte es geschienen, als wenn die große Zeit
des Concils von Constanz Reich und Kaiserthum wiederbele-
ben wollte, so verlief doch die große Bewegung im Sande,
sei es daß es an der Sicherheit eines klaren politischen Be-
wußtseins fehlte oder an der Wucht eines energischen zähen
Characters, sei es, daß die Ungunst der Verhältnisse eine
Erneuerung der alten Ideen unmöglich machte. Gerade die
hussitischen Wirren zeigten das Reich in seiner ganzen Halt-
losigkeit, in seiner militärischen und finanziellen Zerfahrenheit.
Da handelte es sich um Feststellung der Rechte und Pflichten
des Kaisers und der Stände, um Auseinandersetzung mit der
römischen Kirche, um Einrichtung von Gericht und Ordnung.
Es galt, daß das Reich ein Staat werde.

In der That: man bedurfte der Reformen. An die Stelle des Reichs war eine Reihe von Sonderinteressen und völker= rechtlichen Beziehungen getreten, statt des Rechtes bestanden Einigungen und Bündnisse, wie das Interesse der Betheilig= ten sie täglich band und löste. Das „Reich" hatte sich in seine Bruchtheile aufgelöst, von denen einzelne oft mit Glanz und Erfolg ihr Sonderziel verfolgten. Die Ideen von Kaiser und Reich waren lockerer geworden, ohne daß in dem= selben Maße das Staatsrecht normirt worden wäre, daher traten an die Stelle einer Regel zahllose Ausnahmen, an die Stelle einer allgemeingeltenden Regierung Autonomicen aller Stufen.

Der Kaiser war wählbar und absetzbar. Seine Einkünfte bestanden im Ertrage der Reichsgüter, in Ehrengeschenken von Abteien, Steuern, in Beihülfen der geistlichen Fürsten, in Naturalleistungen und Strafgeldern, im Münz= und Berg= werksregal u. s. f. Aber durch Schenkung, Belehnung, Ver= pfändung wurden die Reichsgüter vermindert, die Steuern erlassen oder cedirt, Zölle, Weggelder, Münzrecht verschenkt. Ein gewählter und absetzbarer Kaiser konnte unbedenklicher solche Verleihungen vornehmen, weil er selbst die nachtheiligen Folgen davon nicht zu erfahren besorgen durfte. Ihm galt es dadurch seine augenblickliche Stellung zu festigen und wenn er Kammergüter und Hoheitsrechte verkaufte, so war ihm das Kapital lieber als die Nutzung auf unbestimmte Zeit. So kam es, daß Sigismund die Einkünfte des Reiches auf 13000 Gulden anschlagen konnte. Jetzt konnte man nur Kaiser wählen, die Erblande hatten, um aus diesen zu er= setzen, was die Kaiserwürde zu ihrem eigenen Unterhalt nicht mehr hinlänglich abwarf. Die Wandelbarkeit der kaiserlichen Pfalzen hörte auf. München wurde die Residenz unter Lud=

wig dem Baiern, Prag unter Karl IV. Dies war einer von den Gründen für die Entwickelung einer Territorialpolitik der Kaiser.

Aber nicht blos die finanzielle Stellung des Kaisers war schief, auch seine Befugnisse waren zusammengeschrumpft. Freilich hatte er die Sanction und das absolute Veto, repräsentirte das Reich nach außen und leitete alle auswärtigen Angelegenheiten, aber er war in allen Dingen von der Zustimmung und Geldbewilligung der Stände abhängig, er concurrirte mit den Ständen um die Macht.

Aus kaiserlichen Beamten waren erbliche Landesherren geworden, Reichsfürsten, welche sowohl für die Regierung der einzelnen Theile des Reichs als auch der Gesammtheit die einheitliche Macht des Kaisers zerpflückten. Das Wahlgeschäft und die Erzämter kamen an einzelne Fürsten und die Zeit des Interregnums begünstigte diese sich erhebenden Elemente. So begann anstatt eines durch Reichstage beschränkten Königs eine Fürstenoligarchie in Deutschland sich auszubilden. Die Wahlbefugniß wurde ausgebeutet, um das Ansehen des Kaisers herabzudrücken und es wurde offenkundiges Programm einen weisen und gütigen, nicht aber einen mächtigen Kaiser zu erwählen. Der Kurverein zu Rense und die goldene Bulle Karls IV. vollendeten das Septemvirat der Kurfürsten für die Leitung der Dinge im Reiche, begründeten die territoriale Abschließung der kurfürstlichen Gebiete. Damit waren sie legitimirt, in den bedeutendsten Reichsangelegenheiten zusammenzutreten und zu berathen, wie verfassungsmäßig zu verfahren sei. Von jetzt an bestand die ganze Kraft der Reichsregierung auf einer mehr oder minder glücklichen Vereinigung des Kaisers mit den Kurfürsten, um mit ihnen gegen die übrigen Stände ein Uebergewicht zu behaupten

So hatte die Stellung des Kaisers zwei Seiten: er war Landesherr in seinen Erblanden und genoß die Ehre das Oberhaupt der Christenheit zu sein. Für die deutschen Verhältnisse war er oft nicht mehr als der Präsident des Reichstages und sein Erfolg, seine thatsächliche Stellung auf ein mehr oder minder glückliches Unterhandeln und Dingen und Feilschen mit den Reichsständen gestellt.

Je mehr die Kaiser sich vom Reiche abwandten und in ihre Territorialpolitik einlenkten, desto leichter mußte es den Kurfürsten werden den Rest oberster centraler Gewalt im Reiche in der Hand zu behalten. Schon der Kurverein von 1424 bedeutete, daß die Kurfürsten die Sorge für das Reich, deren der Kaiser sich entschlagen hatte, in die Hand nehmen. Es war dies kein ephemeres Uebereinkommen, sondern ein politisches System, und Sigismund verstand diese Bedeutung wohl[1]). Man hatte ihn nicht abgesetzt, aber „des Reiches innerster Rath" schickte sich an die Zügel der Reichsgewalt zu ergreifen, die der König am Boden schleifen ließ. So ging für den König in der Idee das Oberhaupt der Christenheit zu sein das Verhältniß zu den deutschen Dingen verloren. War es da ein Wunder, wenn man den König in deutschen Landen ignoriren lernte? Von Wenzel hat man in Deutschland lange Zeit gar nicht gewußt, daß die Böhmen ihn gefangen hielten und ein bloßer Beschluß der Kurfürsten reichte hin ihn abzusetzen. Als Albrecht II erwählt ward, forderte er zwei Jahre lang

_____

1) Auf die Nachricht vom Kurverein „do was der Konig gor zornige antwort vnd sprach; hatten wir den kurforsten so hoch gesworen als sie vns gethan hoben, wir wollten woll anders mit Jn ombgen, danne sie mit vns tun". Eberhard Winded c 184 in d. Hdschr., c 117 bei Menken bei Droysen, Ueber die Reichskriegssteuer von 1427 in d. Abh. d. K. S. Ges. f. Wiss. 1855. S. 145.

nicht ins Reich kommen zu brauchen, und man gewährte es ihm gerne. Friedrich III ist 27 Jahre hintereinander nicht in das Reich gekommen[1]). Der Name des Kaisers war wie in Venedig der des Herzogs nur noch eine Ehre nicht mehr eine Macht[2]). Petrus de Andlo sagt von dem Kurfürsten: Isti principes electores successerunt in locum senatus populique Romani.

Die Verfassung des Reiches bestand wesentlich auf den Reichstagen, in denen die legislative Gewalt beschlossen war, während die vollziehende ganz in den Händen der einzelnen Stände lag. Aber diese Verfassung entbehrte jeder festen Bestimmung über die Art der Berufung, Besetzung, Competenz und Periodicität der Reichstage. Es ward mehr und mehr gegen das Ende des Mittelalters hin ein Congreß, den der Kaiser zur Verhandlung berief, als eine regelmäßige Versammlung der Stände. Namentlich die häufigen[3]) Reichstage, die Friedrich III ausschrieb, machten es beinahe zur Gewohnheit, daß weder der Kaiser noch die Stände so häufig wie früher in Person erschienen[4]). Erst mit dem Hinzutreten der Städte 1487 und 1489 setzten sich die Formen der Berathung mehr fest[5]). Es war bedenklich, daß die Lebensfähigkeit der Reichstage, also der Nerv der ganzen Verfassung

1) Ranke, Deutsche Gesch. im Zeitalter d. Ref. I. 38.
2) Droysen, Gesch. d. Preuß. Pol. III. 12.
3) Die Fruchtbarkeit der Reichstage ward verspottet, Foecundae sunt omnes diaetae, quaelibet in ventre aliam habebit f. Böhmer, die Reformation Friedrichs III. Frankfurt 1815 S. XXV.
4) Pütter, Historische Entwickelung der Staatsverfassung des deutschen Reichs, Göttingen, 1788 I. 306.
5) Ranke a. a. O. I. 90 ff. Die Stellung der Städte zu den Reichstagen bedarf noch einer eingehenden Untersuchung.

von dem persönlichen Erscheinen der Stände, ja noch mehr, von dem Erscheinen der Stände überhaupt abhing. Immer mehr wurde aus einer persönlichen Vertretung der meisten oder sämmtlicher Stände eine schwerfällige Versammlung diplomatischer Bevollmächtiger, welche immer geneigt waren, Alles „zum Bedenken" zu nehmen. Die Lässigkeit des Reichstagsbesuchs riß mehr und mehr ein, und Berthold von Mainz klagte mit Recht auf dem Reichstage zu Worms 1497: „O liebe Herren, es geht gar langsam zu, es ist wenig Fleiß und Ernst in den Ständen des Reiches vom obern bis zum untern... was will daraus werden? unser Herr Gott helfe uns! Es thut wahrlich noth, daß man fleißiger wäre, will man anders das Reich im Wesen halten und in Staat und Wesen bleiben".[1]

Aber noch mehr. In der Reichsversammlung ging nur ein Theil der dem Reiche Angehörigen auf. Ein anderer Theil stand außerhalb derselben, hatte keine Reichsstandschaft. So z. B. umfaßten die etwa 80 Reichsstädte bei Weitem nicht den deutschen Bürgerstand. Hunderte von landsässigen Städten hatten auf dem Reichstage keine andere Vertretung als ihre Landesherren und doch ganz andere Interessen als diese. Welche Repräsentationsfähigkeit aber in diesen Elementen war, zeigt der Umstand, daß auf dem Concil zu Constanz von 350 Landstädten Vertreter erschienen waren, und die moralische Kraft des Mittelstandes hat sich im Reformationszeitalter bewährt, indem sich Luther wesentlich auf ihn stützte. Ferner waren hunderte von nicht fürstenmäßigen Grafen und Herren, Tausende von Rittern, die ohne Mittel zum Reich gehörten, ohne geordnete Reichsstandschaft.[2] Ele-

1) Müller, Reichstagstheater II. 144.
2) Droysen, Preuß. Pol. III. 16.

mente, die, wenn man ihnen in der Verfassung eine Stelle anwies, wenn man ihrer treibenden, üppig wuchernden finanziellen und militärischen Kraft eine Richtung zu geben verstand, für die gesammten deutschen Dinge von unberechenbar durchschlagender Wirkung sein konnten.

Einzelne Kaiser haben diese Politik verfolgt und versucht sich auf den niedern Adel und die Städte stützend den hohen Adel in Schranken zu halten, so z. B. Adolf von Nassau, eine Zeitlang Albrecht I. Sigismund hat einmal geäußert, er würde dem Reich entsagen, wenn die Städte nicht wären. Ja die Gründung des schwäbischen Bundes war auch ein Versuch diese losen Elemente zusammenzufassen, ihnen eine Organisation zu geben. Aber die Politik der Kaiser war unsicher und schwankend und es kam zu keiner Reform.

Auch von Städten und Rittern gingen Versuche aus eine Form der Vereinigung zu finden, um die erdrückende Uebermacht der Nobilität abzuwehren, dahin gehört das Pfahlbürgerthum, dahin gehören die Städtebündnisse. Aber die officielle Nation mochte solche Versuche nicht leiden. Die goldne Bulle, welche den Kurfürsten das Versammlungsrecht zusicherte, verbot alle andern Einigungen und das Pfahlbürgerthum. So mußte denn die Redensart, „daß der Schwanberg bei Werthheim in Franken dereinst in der Mitte der Schweiz liegen werde", Redensart bleiben. Indessen waren solche Vereinigungen das einzige Mittel den Landfrieden zu handhaben und sie bestanden fort.

Eine fernere Form diese losen Elemente in ein engeres Verhältniß zum Reich zu ziehen war „der gemeine Pfennig". In der Noth der Hussitenkriege war diese allgemeine Steuer bewilligt worden. Aber es fehlte die Form, in welcher Alle „welche mitthaten sollten auch mitrathen konnten", und so konnte diese Art der Besteuerung nicht durchgesetzt werden.

Namentlich die Ritter lehnten es ab zu steuern, es sei gegen ihre Freiheit und unerhörte Neuerung.

Wie locker und schwankend alles Recht und alle staatliche Organisation im Reiche war, zeigt am Besten der merkwürdige Umstand, daß Alles nur für gewisse Zeiten gelten sollte: Bündnisse, Einigungen, Landfrieden wurden immer nur auf eine bestimmte Anzahl von Jahren aufgerichtet, weil man offenbar in immerwährendem Kriege war und den Friedens= zustand als Ausnahme betrachtete. Es galt jedesmal nur über den Augenblick hinweg zu kommen. So war denn das Raubsystem, die Rechtsunsicherheit an der Tagesordnung: „es stand abenteuerlich" in deutschen Landen, wie damals der Ausdruck lautete.

Solcher Art waren die Zustände, aus denen das Neue sich zu entwickeln hatte. Ihre Fortdauer war unmöglich, man hatte das ideale Gegenbild von dem zu Erstrebenden, aber waren die sittlichen Kräfte vorhanden eine neue Ordnung zu schaffen?

Es war eine strenge Kritik der bestehenden Verhältnisse, daß der Begriff der Obrigkeit in dem Grade hatte verloren gehen können. Luther schreibt „niemand wußte etwas von der weltlichen Obrigkeit. Da ich zuerst von weltlicher Obrigkeit schrieb, war mein gnädigster Herr Herzog Friedrich so froh, daß er sich solch Büchlein ließ abschreiben, sonderlich einbinden und sehr lieb hatte, daß er auch mochte sehen, was sein Stand wäre vor Gott". Zuerst galt es einen Rechtszustand zu begründen; vielleicht daß man von einem Rechtszustande zur Bildung eines Staates fortschreiten mochte.

Der ewige Landfrieden von 1495 war der erste durch= greifende Versuch. Die Stände knüpften daran die dem Kai= ser zu machenden Bewilligungen für den Krieg in Italien.

Aber ein Landfriede war unmöglich ohne Reichstribunal und dieses wirkungslos ohne nähere Vereinigung der Reichsstände. So kam das Kammergericht zu Stande. Man benutzte die nach außen gerichteten Interessen Maximilians I, um ihm ein ständisches Gericht abzupressen. Es ist wohl „das Klei- nod der deutschen Verfassung" genannt worden[1]), und in der That scheint damals die Empfindung davon gewesen zu sein, daß mit Errichtung von Gericht und Ordnung ein Boden ge- wonnen war, auf dem man weiter bauen konnte. In Liedern wurde dies Ereigniß gefeiert.

Schon 1495 hatte ein Ausschuß über ein aufzurichtendes Regiment ein Gutachten gegeben. Ein permanenter ständi- scher Ausschuß sollte in einen Reichsrath vereinigt an der Spitze der deutschen Dinge stehen und die Zusammensetzung desselben scheint zum Theil demjenigen entlehnt worden zu sein, welcher 1427 zur Verwaltung der Reichskriegssteuer in Vorschlag gebracht worden war. Die neue Kriegs= und Steuerverfassung sollte zunächst von diesem Reichsrathe regulirt, beaufsichtigt werden. Wieder wurde der gemeine Pfennig einge- führt und die einkommenden Gelder sollte der Reichsrath ver- walten, ferner das Recht vollstrecken, Ungehorsam und Aufruhr dämpfen, für die Herbeibringung der abgekommenen Reichs- lande sorgen, den Widerstand gegen die Türken leiten u. s. w., kurz die Summe der Regierung in Händen haben. Das Collegium der Kurfürsten sollte die Revision dieses Reichs- rathes haben, der überdies einem Ausschuß von sechs Kur-

---

1) Bucholtz, Gesch. der Regierung Ferdinands I, Wien 1831, nennt das Reichskammergericht „eine ihres Gleichen in alter und neuer Zeit nicht findende Institution".

fürsten, zwei Fürsten, zwei Grafen, zwei Städten von der Finanzverwaltung Rechenschaft abzulegen haben sollte.

Man sieht, es waren radicale Veränderungen, mit denen man es hier zu thun hatte. Aber Maximilian lehnte eine solche Einrichtung entschieden ab. Er habe, erklärte er, so regiert, daß niemand sich zu beschweren gehabt habe, indessen wolle er mit den Churfürsten und Fürsten etliche verständige redliche Männer liesen, dieselben an seinem Hofe als Hof- räthe halten und ihnen einen Obern geben, der anstatt seiner handeln sollte, bis er wieder in das Reich komme[1]). Aber die Stände wollten keinen kaiserlichen Hofrath, sondern ein ständisches Regiment und der Plan fiel zu Boden. Statt dessen beschloß man jährliche Reichsversammlungen zu halten, wodurch eine permanente Thätigkeit des Kaisers und der Stände in Reichsangelegenheiten möglich gemacht werden sollte. Es scheint damit mehr eine Revisionsbehörde als ein regelmäßig wiederkehrender eigentlicher Reichstag gemeint ge- wesen zu sein. Aber auch mit dieser Periodicität von Ver- sammlungen wollte es „wegen zu vielen beschwernis und un- kosten nicht von statten gehen".[2]) Mit dem Kammergericht und dem gemeinen Pfennig ging es auch nicht: „es ist da- mit allein bei den worten verblieben und das werk nit er- folget, weil die abwesende nicht darein bewilligen, die gegen- wärtigen es allein nicht thun wollten[3]).

Endlich, auf dem Reichstage zu Augsburg, 1500, kam es zur Einrichtung eines Reichsregiments, eines ständischen Aus-

---

1) Müller, Reichstagstheater I. 389.

2) Fugger und Birken, Spiegel der Ehren des Hauses Oestreich auf der Dresdner Bibliothek S. 1130.

3) ebend. S. 1097.

schusses mit weitgehenden Befugnissen, nach dem Entwurf von 1495 gebildet. Aber die Einrichtung hatte keinen Bestand. Kaum zwei Jahre dauerte die Thätigkeit der „Reichs-Regenten", welche in dieser Zeit nicht allein die innern Verwaltungsangelegenheiten zu leiten versucht haben, sondern auch nach außen hin die Politik bestimmen halfen. „Es ward, erzählt Fugger [1]), viel gutes abgeredt, aber nichts überall vollzogen, Insonderheit weil viele Fürsten und Stände die verabschiedete Reichsanlage nit lieferten, wurden die andern dadurch bewogen, ihre Hände auch wieder abzuziehen. Also sind alle bisherigen Anschläge zu nichts worden, und hat das Regiment zu Nürnberg nach diesem auch wieder aufgehört". Dem Kaiser schien durch eine Behörde mit solchen Competenzen seine Würde verletzt, im Reich konnte dieselbe nicht Wurzel fassen, man wollte eben keine Centralgewalt und vernachlässigte sichtlich den Unterhalt dieser ständischen Regierungsform. Alles ging seinen alten Gang fort, nur wurde die Gegenstellung des Kaisers und der Stände immer schroffer. Die Einrichtung eines Hofgerichts, der Entwurf zu einem bloß durch kaiserlichen Einfluß geleiteten Regiment, welchen Maximilian 1505 auf dem Reichstage zu Cöln den Ständen vorlegte, die Verbesserung der Kreisverfassung von 1512 und die Wahlintriguen gegen das Ende von Maximilians Regierung zeigen deutlich, daß der Kaiser mehr sein wollte, als bloß Präsident der Stände. Dagegen consolidirten sich die ständischen Tendenzen immer fester durch den Verein der Kurfürsten zu Gelnhausen 1502, durch die Abgewandtheit der Stände vom Reich und die immer schärfer sich ausbildende Territorialität. So behielten die Reichstage dieser Zeit den

---

1) Fugger und Birken u. s. w. S. 1132.

Character internationaler Congreſſe. Es war, wie Ranke
ſagt[1]), ein unaufhörliches Fordern und Verweigern, abgenö-
thigtes Bewilligen, unvollſtändiges Leiſten.

So kam der Regierungswechſel und man fühlte, daß damit unberechenbar Wichtiges geſchehe. Als man die Befürch-
tung äußerte, Karl von Spanien werde die Reichsordnung
verletzen, erwiderte dieſer: bringt Alles aufs Reine, was ihr
die Reichsordnung nennt, ſo will ich euch Unterſchrift und
Eid geben, daß ich darüber nicht hinausgehen werde[2]). Das
war die Wahlcapitulation und in dieſer übernahm Karl nach
Art. 3 die Verpflichtung ein Regiment zu errichten „wie
es vormals bedacht worden und auf der Bahn geweſen: aus
frommen, annehmlichen, tapfern, verſtändigen, redlichen Per-
ſonen deutſcher Nation neben etlichen Kurfürſten und Fürſten".

1) a. a. O. 1. 200.
2) Hofmann, Betrachtungen 11. 1. 4 ff. bei Boß, Ueb. b. Schick-
ſale der deutſchen Reichsſtaatsverfaſſung. Leipzig 1802. S. 298.

Am 7. December 1520 schrieb der baierische Kanzler Dr. Leonhard von Eck seinem Fürsten, dem jungen Herzog Wilhelm, und ermunterte ihn, doch ja selbst nach Worms zu reisen, da „auf diesem Reichstag mehr denn auf keinem in etlichen hundert Jahren beschehen, gemeinen Reichs und aller Stände Sachen fürhanden genommen und eine ganz andere und neue Ordnung aufgerichtet werden müsse". [1]) In der That lag es allen Parteien nahe, von der bevorstehenden Versammlung bedeutende Erwartungen zu hegen. Man kam mit einem wohlgeordneten Programm auf den Kampfplatz: die Stände mit dem Entschlusse, auf die Verfassungsentwürfe von 1495 und das Regiment von 1500 zurückgehend, den dritten Artikel der Wahlcapitulation im weitesten Sinne zur Ausführung zu bringen; Karl V mit der Absicht, den Kopf nach Möglichkeit aus der Schlinge zu ziehen, in die er sich durch die Wahlcapitulation begeben hatte. Er gedachte die Stände möglichst vortheilhaften Kaufes abzufinden, und diese schienen ihm den Sieg durch Zwistigkeiten unter einander erleichtern zu wollen. Gleich beim Anfang der Verhandlungen schreibt Friedrich der Weise seinem Bruder aus Worms: „Hier ist nichts als Hoffahrt: mir ist leid, daß die Spanier unsre Uneinigkeit und Hoffahrt vermerken sollen. Gott gebe

---

1) Aus einem baierischen Archive bei Jörg, Deutschland in der Revolutionsperiode 1522—1526. Freiburg i. Br. 1851. S. 7.

2

feine Gnade, daß wir armen Deutſchen wieder in ein beſſer Weſen kommen". [1]

Karls Streben ging zunächſt dahin, ſich mit den bedeu- tendſten Ständen in ein gutes Vernehmen zu ſetzen. Vor Allem galt es, Friedrich den Weiſen zu gewinnen. Gleich nach ſeiner Krönung hatte er mit dieſem eingehende Beſpre- chungen gepflogen, ihm eine Reihe von Artikeln vorgelegt, den Rath des geſchäftskundigen Kurfürſten erbeten. Chievres überſendet am 10. November 1520 dieſe Artikel dem Kur- fürſten und bemerkt dazu, es geſchehe „afin que vous puis- siez veoir le tout et y bien penser pour après donner bon conseil et advis a sa mageste com il a son entier confidance en vous". [2] Friedrich hatte unter der vorigen Regierung ſtets an der Spitze der kurfürſtlichen Oppoſition geſtanden: ſeine Erfahrung, ſeine Geſchäftskunde, ſein An- ſehen im Reiche mußte bei den bevorſtehenden Verhandlungen ganz beſonders ins Gewicht fallen. Er hatte offenbar die ganze Zeit hindurch während der Wahl und auch bei der Wahlcapitulation im Vordergrunde der Ereigniſſe geſtan- den. [3] Deßhalb ſuchte Karl um ſo eifriger, ihn durch alle Mittel unſchädlich zu machen; „wunderviel halten wir von den Anſchlägen, dem Rathe und der Weisheit Deiner Herr-

---

1) Weimar. Archiv bei Droyſen, Preuß. Pol. III. 134.

2) Actenſtücke aus dem Weim. Arch.

3) In einem Lanzknechtliede der ſpäteren Zeit heißt es unter andern dem Kaiſer gemachten Vorwürfen:

Und führſt dazu inn deutſche Land,
Ein mördriſch Volck, voll aller Schand,
Welchs du doch haſt verſchworen,
Da du durch Herzog Friedrichs Gunſt
Zum Kaiſer biſt erkoren.

O. L. B. Wolff, Hiſtoriſche Volkslieder der Deutſchen, Stuttgart und Tübingen 1830, S. 188.

schaft", schrieb ihm der Kaiser, und machte ihm Versprechungen wegen der Verbindung der Infantia Katharina mit dem Neffen Friedrichs. Wie sehr man sich auch bemüht hat, diese Versprechungen in günstigerem Lichte darzustellen, sie waren ein Intriguenspiel. Es galt von vornherein, den Kurfürsten zu täuschen, nicht eher mit demselben zu brechen, als bis die Dinge in Deutschland so weit gediehen waren, daß er vor Friedrich die Maske abnehmen konnte.

Friedrich hat damals auf die in Frankfurt gemachten Verabredungen, d. h. die Wahlcapitulation, verwiesen.

So begann denn der Reichstag.

Die kaiserliche Proposition und der Vortrag des Kaisers vom 4. März geben sehr entschieden die Tonart an, in welcher Karl zu regieren gedachte. Mit grellen Farben schildert er zuerst das Elend und den Verfall des Reiches. Es sei in solchem Abnehmen, Zerrüttung und Unordnung gewachsen, daß es, wo dem nicht abgeholfen würde, leicht ganz zerstreut und verloren werden möchte. Das Reich habe seinen großen Schein und seine Macht verlassen und sei abgefallen und würde kaum mehr für den Schatten von dem geachtet, was es gewesen. Ob dies durch Fahrlässigkeit oder Säumnisse oder Trägheit oder auf anderem Wege so gekommen sei, müsse man wohl bedenken. Deshalb wolle er all sein Vermögen und seinen Verstand darstrecken, dasselbe Reich bei gemeiner deutscher Nation helfen zu behalten und nicht zulassen, daß es noch ferner abnehme. Mit Hülfe der Königreiche, großmächtiger Lande und Verbindungen, die ihm Gott verliehen, hoffe er das Reich wieder zu der alten Glorie zu erheben. Die spanischen und andern Lande sollten auf diese Weise auch dem heiligen Römischen Reich zu Gute kommen, weil durch sie dem Reiche und der gemeinen Christenheit grö-

2*

ßere Macht zugewachsen sei und dadurch mehr geholfen werden
könne, „denn durch keine andere Macht", sonderlich wenn das
heilige Römische und das spanische Reich in Einigkeit und
Einverständniß seien. Der Kaiser habe gnädiglich bedacht und
erwogen, daß fürs Erste und vor Allem davon gehandelt
werden müsse, wie ein rechter Friede, gute Ordnung und
Policei im Reich und auch ein Regiment, „wie in der kaiser=
lichen Majestät abwesen geregirt werden sollt", aufzurichten
sei, dieweil aus rechtem Frieden und guter Ordnung alle
gute und austrägliche Händel gedeihen und wachsen.

Sehr entschieden wird auf den monarchischen Character
der Verfassung hingewiesen, und zwar mit den energischen
Worten: „So stehet unser Gemüth und Willen nicht dahin,
daß man viele Herren habe, sondern allein einen, wie es im
heiligen Reiche Herkommen ist". [1]

Wie bei den Anfängen Maximilians, so schien es auch
bei dem ersten Reichstage Karls V die Absicht der Stände
zu sein, die Bewilligung von Reichshülfe für die auswärti=
gen Verhältnisse des Kaisers an die Einrichtung ständischer
Institutionen zu knüpfen. Hatten die Stände damals jede
Unterhandlung über zu bewilligende Gelder und Truppen
entschieden abgelehnt, ehe von den „Notturften des Reichs"
gehandelt sei, [2] so hieß es auch jetzt wieder, als vom Rom=
zug die Rede war, es sei seit viel Jahren so merkliche Theue=
rung und Krieg und Sterben im Reich und großer Mangel
an gutem Regiment, die Stände sowohl wie der „gemeine
Mann" seien in ihrem Vermögen so geschwächt, daß die

1) Weimarer und Dresdener Archiv. Der Vortrag des Kaisers ab=
gedruckt bei Oleuschlager, Urk. z. g. B, Nr. VII.
2) Müller, Reichstagstheater I. 312.

Stände bei ihren Unterthanen schwerlich eine stattliche Hülfe zu erlangen vermöchten, deshalb sei der Kurfürsten, Fürsten und Stände des heiligen Reichs unterthänige Bitte an den Kaiser, derselbe wolle sich erstlich und vor allen Dingen mit den Kurfürsten, Fürsten und Ständen über das aufzurichtende Regiment verständigen und entschließen, damit Alles in ein gutes Wesen gebracht würde. Dabei übergaben die Stände den Entwurf einer Regimentsordnung „in unterthäniger Hoffnung, daß seine kaiserliche Majestät denselben genädiglich aufnehmen werde".[1]

Dieser Regimentsentwurf war durchaus im Sinne und Geist der Wahlcapitulation und der ständischen, oder genauer der kurfürstlich-oligarchischen Politik abgefaßt und eigentlich bloß eine Wiederholung der Regimentsordnung des Jahres 1500.

Zunächst sollte das Regiment, „ob der Kaiser gleich im heiligen Reiche bliebe", dem Kaiser und Reich zu Nutzen und Ehre aufgerichtet sein. Die Besetzung sollte aus dem Kaiser oder bei dessen Abwesenheit einem Präsidenten und zwanzig Räthen bestehen, welche zusammen „des Kaisers und des heiligen Reiches Rath" heißen, in allen Reichssachen rathschlagen und beschließen, mit andern Ständen und Gewalten handeln sollten. Ein jeder Kurfürst sollte abwechselnd dreizehn Wochen persönlich beim Regiment anwesend sein. Bei bedeutenderen Vorkommnissen sollte das Regiment die Befugniß und Verpflichtung haben, sechs Kurfürsten und zwölf Fürsten zur Berathschlagung einzuladen, auch den Kaiser, wenn derselbe abwesend sei, von dem Vorgefallenen in Kenntniß zu setzen und ihm Zeit zu geben, damit er persönlich „zur Sa-

---

1) Weim. Arch.

chen" komme. Wenn dann der Kaiser in derselben Zeit nicht käme, so sollte nichtsdestoweniger diese größere Versammlung von Kurfürsten, Fürsten und Regiment in den Angelegenheiten vorgehen und einen Beschluß fassen, oder wenn die Größe der Sachen es erfordere, noch andere Reichsfürsten und Stände berufen, um das Weitere zu verabreden.

Die Besetzung sollte aus sechs Personen von den sechs Kurfürsten, einem geistlichen und einem weltlichen Fürsten Namens sechs geistlicher und sechs weltlicher Fürsten, einem Rath aus den Burgundischen und einem aus den östreichischen Landen, einem Prälaten Namens vier Prälaten von der Prälaten des Reiches wegen, einem Grafen oder Freiherrn von der Grafen und Freiherrn des Reichs wegen, zwei Personen von den Städten und sechs Räthen aus den sechs Kreisen, welche Doctoren, Ritter oder Licentiaten sein sollten, bestehen.

Stürbe einer der zwölf Fürsten oder müsse er aus dem Regiment ausscheiden, so sollten der Kaiser oder in dessen Abwesenheit der Präsident und der Reichsrath einen andern Fürsten wählen. Dasselbe galt von den Räthen für die Städte und Kreise. Stürbe dagegen der Rath eines Kurfürsten oder scheide er aus, so sollte er von dem betreffenden Kurfürsten binnen zwei Monaten ersetzt werden.

Die von dem Reichsrath erlassenen Geschäftspapiere sollten von demselben mit dem Zusatz unterschrieben werden: Ad mandatum Domini Imperatoris in concilio Imperii [1] Die Regimentspersonen sollten den Eid dem Kaiser und dem heiligen Reich zu leisten haben.

---

1) Ausdrücklich so im Weim. Arch. Acten des Wormser Reichstags Bd. 1 S. 146. Im Staatsarchiv IV. 2. S. 91 „in concilio Imperiali". In d. R. C. von 1500 lautete es ebenfalls „in concilio imperii" f. Müller, Reichstagsstaat 1. 34.

Dieses Project der Stände weicht von der Regimentsordnung von 1500 nur etwa in der Bezeichnung „Präsident"
ab, während in jener immer von Dem die Rede ist, „den
der Kaiser statt seiner setzen würde". Im Wesentlichen
war hier dieselbe Gegeneinanderstellung, dieselbe Absicht.
Maximilian hatte damals wohl geäußert, daß durch dieses
„Wesen eines Regiments die königliche Würde des meh-
reren Theils der Regierung in deutschen Landen ent-
setzt worden sei"[1] und in der That glaubten die fremden
Gesandten in der neu aufgerichteten Ordnung eine Art Ab-
dankung des Königs erblicken zu müssen. Man hatte die
Verlegenheiten Maximilians damals benutzt, um seine Autorität herabzudrücken, das Königthum bloß zu einer rein äußer-
lichen Vertretung der hergebrachten Idee vom Reiche zusam-
menschrumpfen zu lassen. Man machte Bewilligungen an
Geld, um dafür Macht und Regierungsbefugniß einzutauschen.
„Man kaufte den König aus der Regierung hinaus".[2]
Ebenso der Entwurf der Stände. Kam derselbe zur Ausführung, so bestand in Zukunft eine republikanische Reichs-
verfassung, in welcher der König in einen Präsidenten ver-
wandelt war und zum Titel kaum irgend Macht und Einfluß
haben konnte.

Hier war offenbar die Absicht, die großen Reichsversammlungen, mit denen wegen ihrer Unbehülflichkeit und mangeln-
den Organisation doch nie etwas Entschiedenes durchgesetzt
werden konnte, allmälig überflüssig zu machen. Als 1495
der Regimentsentwurf nicht zur Ausführung gekommen war

---

1) Droysen, Preuß. Pol. III. 18.
2) Roßmann, Betrachtungen üb. d. Zeitalter d. Reformation. Jena
1857 S. 212.

und auch die zum Behuf einer geordneten Reichsregierung angeordneten jährlichen Zusammenkünfte ebenfalls nicht zu Stande kamen, da hieß es in der Regimentsordnung von 1500 „daß nun hinführo das geordnete Regiment alles und jedes zu handeln und zu thun und zu lassen haben sollte, was der jährlichen Versammlung zugestanden habe" [1]).

Hiebei zeigt sich zugleich die ganze Lockerheit der Reichstagsverfassung in der Bestimmung des von den Ständen übergebenen Entwurfes, daß das Regiment je nach der Größe der vorliegenden Angelegenheiten zuerst die Kurfürsten und die Fürsten und dann „noch einige andere Reichsfürsten und Stände" berufen solle.

Das Regiment war kein Ausschuß der Reichsversammlung; in der Zusammensetzung, in der Verhandlung waren bei dem ersten ganz andere Verhältnisse als auf den Reichstagen. Die Mängel der Reichstagsverfassung wiederholten sich in der Zusammensetzung des Regiments in noch auffallenderer Weise. Wenn schon auf den Reichstagen der Kurfürsten und Fürstenstand das Collegium der Städte überholte, beeinträchtigte, nicht zur Geltung kommen ließ, so war beim Regiment der Mittelstand noch schlechter vertreten und die ganze Institution lief auf ein bedeutendes Uebergewicht der Kurfürsten hinaus. Von den zwanzig Beisitzern stellten zehn den Fürstenstand dar (sechs kurfürstliche Räthe, zwei für Burgund und Oestreich, zwei von geistlichen und weltlichen Fürsten). Von den andern zehn wurden die zwei Räthe für die Städte und die sechs für die Kreise nicht von diesen selbst, sondern von der Reichsversammlung gewählt und, wenn sie abgingen oder star

---

1) Koch, N. Samml. d. R. A. S. 24.

ben, von dem Regiment selbst cooptirt.¹) An eine eigentliche
Vertretung der Städte und Kreise war also schwerlich zu
denken. Auch konnten die Beisitzer der Städte und Kreise,
Prälaten und Grafen durchaus nicht Anspruch auf gleiche
Bedeutung mit denen machen, welche Namens der mächtigen
Kurfürsten und Fürsten sprachen. Dazu kam, daß bei größeren Angelegenheiten die Kurfürsten und sechs geistlichen und
sechs weltlichen Fürsten mit dem Regiment zusammentreten
sollten, und dieser Umstand, so wie die stete Anwesenheit
eines Kurfürsten machten das Uebergewicht der fürstlichen
Stimmen vollends unausweichlich, so daß die Gleichheit der
Stimmen nur mehr theoretisch sein konnte²). Wohl war fest-
gesetzt worden, daß die Räthe von allen sonstigen Pflichten
und Eiden frei, an keine Instructionen gebunden und nur dem
Reiche pflichtig sein sollten. Aber auch dieses konnte keine
practische Bedeutung haben, weil es unmöglich war, daß der
Kaiser, die Kurfürsten und Fürsten ihren Räthen eine so un-
bemessene Gewalt anvertrauen würden. Thatsächlich waren
und blieben die Räthe des Kaisers, der Kurfürsten und Fürsten Gesandte, welche keineswegs nach eignem Ermessen handeln durften, trotz des geleisteten Eides von allem Geschehenen
heim berichten, für alles zu Verhandelnde sich Instruction
einholen mußten. Dagegen mußten die Räthe für Städte,
Kreise, Prälaten und Grafen leicht zu bloßen Figuranten hinab-
sinken, sie waren vom Reichstag und sodann vom Regiment,
d. h. der fürstlichen Majorität octroyirt und hatten die Aussicht stets in der Minorität zu bleiben. Durch Familienver-

---

1) f. b. R. O. in b. Samml. b. R. Abfch. Frkf. 1720. S. 145.
2) Droysen a. a. O. S. 16. Er vergleicht in dieser Beziehung das
Regiment mit dem Bundestage.

binbungen ober auf anbern Wegen mußte es den Kurfürsten
leicht werden jedesmal einige Kreisstimmen zu gewinnen, um
auch selbst wenn die fürstlichen Interessen emporkamen ober
die Räthe von Burgund unb Oestreich einen Anhang zu gewinnen versuchten, die Oberhand zu behalten.

Unb in der That: nicht bloß ständischer Art sollte biese
Institution des Regiments sein, sondern sie bezweckte eigentlich
die Oligarchie der Kurfürsten. Schon der Entwurf von 1495
enthielt bie Bestimmung, baß bas Regiment ber Revision bes
Kurfürstencollegiums unterworfen sein sollte. „Des Reiches
innerster Rath" scheint gerade in bem Regiment eine ver-
fassungsmäßige Form für bie Beherrschung des Reiches er-
blickt zu haben, eine Form, die uur scheinbar ständisch, factisch,
aber oligarchisch war, unb die Bestimmung über bie Berufung
des „großen Regiments", welche jedesmal durch bie im Regiment bestehenden kurfürstlichen Elemente durchgesetzt werben
konnte, ist wohl ganz besonders als ein Versuch der Kurfürsten zu betrachten, bas 12. Kapitel der golbnen Bulle vom
Versammlungsrechte der Kurfürsten in einer etwas veränder-
ten, den Umständen angepaßten Gestalt auszuführen unb zu
erweitern. Es ist wohl nicht zufällig, baß gerade 1502, als
bas Regiment sich auflöste, die Kurfürsten den Beschluß faß-
ten, jährliche collegialische Zusammenkünfte zu halten[1]).

Es war natürlich, baß bei Besetzung der erledigten
Stellen im Regiment für Kreise unb Städte der Einfluß der
Kurfürsten zur Geltung kommen mußte. Sehr characteristisch
ist es ferner in bieser Beziehung, baß der gesammte Fürstenstand keine stärkere Vertretung erhalten sollte, als die Städte.

---

1) Eichhorn, Deutsche Staats- und Reichsgeschichte. 4. Ausg. Gött.
1836. III, 834.

Offenbar sollte der Einfluß der andern Stände allmälig ent-
kräftet werden und wenn erst die erledigten Stellen nach Gut-
befinden der Kurfürsten besetzt wurden, so war hiemit unter
dem Schein einer Repräsentativverfassung die Oligarchie der
Kurfürsten vollendet und die Reichsversammlung und Regierung wesentlich in ihrer Hand. Bei dem Regiment hatten
die Kurfürsten die Concurrenz des Kaisers weniger zu fürch-
ten als bei den Reichstagen, weil bei den letztern dem Kaiser
durch die größere Geltung der andern Stände mehr Mittel
zu Gebote standen seinen Einfluß geltend zu machen. Bei
dem Reichsregiment von 1500 war des Kaisers Autorität
und Macht völlig vernichtet und er aus der Verfassung hin-
ausgedrängt. Wenn ihm auch damals nichts genommen worden war, was er nicht schon durch die Anarchie im Reiche
verloren hatte, so war doch seine Stellung eben durch die
Festigung der kurfürstlichen Oligarchie mehr als je gefährdet
gewesen. Die Frage war nur, wie weit es im Sinne der
Reichsangehörigen liegen konnte, die Regierung vom Kaiser
an das Kurfürstencollegium übergehen zu sehen. Es war erklärlich, wenn der Kaiser, wie die übrigen Stände und endlich gar diejenigen Elemente im Reich, welche in der neuen
Institution keine Stelle gefunden hatten, dieselbe mit Miß-
trauen betrachteten. Diese Mißverhältnisse hatten am Anfange des Jahrhunderts wesentlich zur Auflösung des Regiments beigetragen; jetzt sollten sie durch die Wahlcapitulation
unterstützt wieder zur Geltung kommen.

Als Antwort auf den Entwurf der Stände erschien ein
andrer vom Kaiser, welcher ganz andere Vorschläge enthielt.
Ihm zufolge sollte ein Regiment errichtet werden „zu der
Zeit, so Ihr Majestät außerhalb des Reiches sein würden“,
ein Regiment, welches nur bis zur Wiederkunft des Kaisers

bleiben und „Jr Majestät Regiment geheißen" werden sollte.
Dies Regiment sollte während des Kaisers Abwesenheit in
seinem Namen regieren und zugleich mit dem Kammergericht
seinen Sitz in Nürnberg haben. In dieses Regiment, welches
aus zwanzig Personen bestehen sollte, werde der Kaiser außer
dem Statthalter, der ein weltlicher Kurfürst, oder ein Fürst,
oder ein Graf, oder Freiherr sein sollte, noch sechs Räthe
aus dem Reich deutscher Nation selbst ernennen und diese
sechs Räthe sollten allezeit im Regiment sein und bleiben.
Die andern Regimentsräthe sollten von den Reichsständen
ernannt werden. Dieses Regiment sollte volle Gewalt, Macht
und Befehl haben, alle und jede des Kaisers und des Reichs
Sachen im heiligen Reich deutscher Nation als Recht, Friede
und gute Ordnung und Polizei und des Alles Vollziehung
und Handhabung, auch Widerstand gegen des Reichs Anfechter
zu üben, dazu alle wichtigen Regalien und Lehen, die nicht
verfallen seien, im Namen des Kaisers zu bestätigen und unter des Kaisers Insiegel darüber Urkunden auszufertigen.
In größeren Sachen, wie bei erledigten Fürstenthümern,
Grafschaften u. s. w. solle das Regiment berathen, was zu thun
und was zu lassen sei, dem Kaiser ein Gutachten vorlegen
und den Bescheid desselben abwarten. Ausdrücklich behielt
sich der Kaiser vor, mit fremden Nationen zu handeln, mit
denselben Bündnisse und Einigungen einzugehen und verfallene Lehen an Andere zu verleihen. Er behielt sich ferner
vor seine Hoheit und „Oberkeit" als Römischer Kaiser und
die Regierung der Häuser Oestreich und Burgund „wie solches von Jr Majestät vorältern an Jr Majestät kommen ist".
Und zu mehrerem Ansehen des Regiments sollte ein jeder
Kurfürst ein Vierteljahr bei demselben persönlich anwesend
sein, um des Kaisers und des Reichs Ehre, Nutzen und

Mehrung rathschlagen und betrachten zu helfen. Alle Vier-
teljahre sollten die Kurfürsten unter einander in diesem Amte
abwechseln.

Von den übrigen dreizehn Personen sollten sieben von den
Kurfürsten und Kreisen als Räthe bestellt werden,[1] ferner
zwei Fürsten, ein geistlicher und ein weltlicher, von vier Prälaten von der Prälaten des Reichs wegen soll immer einer
beim Regiment sein, ebenso einer von vier Grafen oder Freiherren von der Grafen und Freiherren des Reichs wegen.
Endlich zwei von den Städten und zwar vierteljährlich zu
zwei von Köln und Augsburg, von Straßburg und Lübeck,
von Nürnberg und Goslar, von Frankfurt und Ulm. Alle
diese dreizehn Räthe der Stände sollten immer nur ein Vierteljahr bleiben und dann von andern abgelöst werden.

Stürbe einer der Fürsten oder schiede er aus, so sollten
Statthalter und Räthe einen andern aus den Fürsten wählen, ebensolches war für die Räthe der Kreise und Städte
vorgeschrieben. Dagegen sollte, wenn einer der Räthe des
Kaisers und der Kurfürsten stürbe oder ausschiede, derselbe
durch den Kaiser, respective den betreffenden Kurfürsten binnen zwei Monaten ersetzt werden. Statthalter und Regiment
können Urlaub ertheilen, jedoch müssen mindestens vierzehn
Personen beim Regiment gegenwärtig sein. Die vom Regiment erlassenen geschäftlichen Papiere sollten in der besten
und beständigsten Form mit dem Titel und Siegel des Kaisers mit der Bezeichnung: Ad mandatum Domini Imperatoris in concilio Imperiali versehen und vom Statthalter

---

1) Es ist nicht klar, wie sieben Abgeordnete auf sechs Kurfürsten
und sechs Kreise vertheilt gedacht wurden. Das betreffende Actenstück im
Weimar. Archiv enthält nichts Genaueres: „sieben Personen aus den andern
fünff Churfürsten Rethen unnd den sechs hernachgeschriebenen Kreysen".

eigenhändig unterschrieben werden. Die Regimentspersonen sowohl als auch die dabei angestellten Schreiber sollten einen Eid leisten, „dem Kaiser getreu sein" zu wollen. Aller andern Eide und Gelübde sollten sie los und ledig sein. Ueber die Kreisordnung enthielt der Entwurf des Kaisers ein genaues Verzeichniß. Die kaiserlichen und kurfürstlichen Lande waren nicht in die Kreise aufgenommen. Im dritten Kreise vermißte man auch das Herzogthum Würtemberg. Endlich sollte das Regiment, wenn zu dessen, wie des Kammergerichtes Unterhalt ein besonderer Anschlag erforderlich sei, diese Gelder verwalten. Wüßten jedoch die Stände einen andern Weg, so mögten sie hierauf bezügliche Vorschläge dem Kaiser vorlegen [1]).

So lautete im Wesentlichen der Entwurf des Kaisers, dessen nähere Betrachtung deutlich ergiebt, daß eine solche Regimentsordnung nur eine scheinbare Erfüllung des Art. 3 der Wahlcapitulation sein konnte. Dieser Artikel versprach die Aufrichtung eines Regiments „wie es vormals bedacht und auf der Bahn gewesen", aber hier waren die wichtigsten Bedingungen einer solchen Institution zur Seite geschoben, dem Ganzen die Spitze abgebrochen.

Der entscheidendste Punct in dem Entwurf des Kaisers ist wohl die Bestimmung, daß das Regiment nur für die Zeit seiner Abwesenheit vom Reiche bestehen sollte. Damit war es zu einer Art bloß provisorischer Regentschaft herabgedrückt und sein ganzes Bestehen, seine Consolidirung in der ganzen Verfassung von dem zufälligen Umstande abhängig, ob und wie lange Karls V spanische und anderweitige Angelegenheiten denselben vom Reiche entfernt hielten. Dies wich schon

---

1) Acten in den Archiven zu Dresden und Weimar.

durchaus von dem Regiment ab, welches am Anfange des
Jahrhunderts „auf der Bahn gewesen", aber Karl schien
durchaus von der Ansicht auszugehen, daß nur seine Abwesenheit vom Reiche die ganze Einrichtung nöthig mache, wie
denn, als des Kaisers Entwurf im Wesentlichen zur Ausführung kam, in der dem Pfalzgrafen Friedrich als des Kaisers
Statthalter ausgestellten Urkunde ausdrücklich bemerkt ist, das
Regiment sei bloß aufgerichtet „umb deßwillen wir uns unnser notturfft nach, ein zeitlang aus dem heiligen Reich unnd
deutscher Nation in unnser Hispanisch Königreich thun werden"[1]), eine Auffassung, die dem Geist wie dem Buchstaben
der Wahlcapitulation durchaus entgegenlief.

In demselben Sinne waren die Bezeichnungen „Jr Majestät Regiment im Reich" und „Statthalter" gewählt, während
das „auf der Bahn gewesene" Regiment den Namen Reichsregiment oder Reichsregenten geführt hatte. Aber diese Bezeichnungen sollten daran erinnern, daß es nicht ein unab-
hängiger Regentschaftsrath, sondern nur eine abhängige Behörde unter einem abhängigen Stellvertreter des Kaisers sei,
wie ja auch die Unterschrift auf den Erlassen des Regiments
„in concilio imperiali" deutlich zeigt, daß Alles auf eine
kaiserliche Behörde hinauslaufen sollte.

Nicht minder deutlich treten die Absichten des Kaisers bei
den Bestimmungen über die Besetzung des Regiments hervor.
Wenn er sich vorbehielt sechs Räthe und den Statthalter selbst
zuzuernennen, so verfügte er allein über ein drittel aller Stimmen
also über mehr als das ganze kurfürstliche Collegium zu seiner Disposition hatte. Ueberdies hatten die Räthe des Kai-

---

1) Goldast, Reichshandlung II. 243.

fers und der Statthalter eine viel größere Bedeutung als die andern Regimentspersonen, indem sie „allwege da sein und bleiben" sollten, indeß die Andern Alle immer nur einen Zeitraum von dreizehn Wochen am Regiment blieben. Die sechs kaiserlichen Räthe sollten offenbar den eigentlichen Grundstock des Regiments bilden, indeß die andern Alternirenden den beweglichen Flugsand darstellten. Wenn also in den Letztern oppositionelle Elemente sich regten, so war es immer leicht möglich, dieselben bald wieder aus dem Regimente zu entfernen. Die sechs kaiserlichen Räthe, die alle einem Winke gehorchten und stets im Regiment blieben, behaupteten gegenüber der stets wechselnden Masse der Uebrigen leicht das Uebergewicht. Die Vielköpfigkeit im übrigen Theile des Regiments hätte es schwerlich zur Bildung einer compacten Partei den kaiserlichen Räthen gegenüber kommen lassen und war auch einmal augenblicklich eine Partei gebildet, so konnte sie wegen des ewigen Ausscheidens der alten Elemente und des Hinzukommens neuer, noch nicht erprobter, doch auf keinen Bestand rechnen. Immer hätte der Kaiser Gelegenheit gehabt seinen zersetzenden Einfluß zu üben, weil er unter den Fürsten, namentlich den geringern, die mit der Oligarchie der Größern nicht einverstanden waren und von dem Kaiser mehr Begünstigungen zu erlangen hofften, auf einen so bedeutenden Anhang rechnen konnte, daß ihm die Majorität in jedem Falle sicher war. Auch finden wir unter den ausgewählten weltlichen Fürsten, die zusammen einen Abgeordneten in das Regiment schicken sollten (Pfalzgraf Friedrich, Herzog Georg von Sachsen, Herzog Wilhelm von Baiern, Markgraf Casimir von Brandenburg, Herzog Heinrich von Mecklenburg und Markgraf Philipp von Baden), fast lauter Anhänger des östreichischen Hauses. Von den Abgeordneten der Städte war es noch leichter denkbar, daß sie mehr mit der kaiserlichen als etwa mit der kurfürstlichen Politik gehen würden.

Nicht minder als die Besetzung ferner wich auch die Competenz des Regiments in dem Entwurf des Kaisers von dem „auf der Bahn gewesenen" Regimente ab. Namentlich die Verhandlungen mit dem Auslande und das Abschließen von Bündnissen behielt sich Karl V vor. Die Vertretung nach außen hin mußte in einer Hand bleiben, wenn nicht daraus Verwirrung, Demüthigung für Kaiser und Reich erwachsen sollten. Das Regiment von 1500 hatte mit Ludwig XII unterhandelt, mit ihm einen Waffenstillstand abgeschlossen, ihm Mailand als Reichslehen verweigert. Damals hatte sich Maximilian darüber heftig erzürnt. Er war persönlich bei dem Regiment erschienen, um sich über diese Unordnung zu beklagen, hatte im Widerspruch mit den Unterhandlungen des Regiments Ludwig XII mit Mailand belehnt. Das Ausland sah, daß das Reich mit sich selbst uneins war. Jetzt war die Lage, dem Auslande gegenüber, noch gefährlicher. Die drohende Gegeneinanderstellung Franz' I und Karls V ließen einen heftigen Zusammenstoß zwischen Frankreich und Oestreich erwarten und bei der entschiedenen Hinneigung mancher Reichsfürsten zu Franz I, die bei den Wahlintriguen hervorgetreten war, durfte Karl unmöglich den Ständen einen verfassungsmäßigen Verkehr mit dem Auslande in dem frühern Umfange gestatten. Dazu kam die kirchliche Bewegung, welche für das Verhältniß zwischen Papst und Kaiser verhängnißvoll sein konnte. Karl, der es wie Maximilian nicht verschmähte, den Papst durch die kirchlichen Angelegenheiten in Deutschland in Schach zu halten, mußte die Unterhandlungen mit Rom von Reichs wegen in seiner Hand zu behalten wünschen. Ließ er dem Regiment für das Verhältniß zum Papst freies Spiel, so konnte dasselbe die Möglichkeit abschneiden, ein für seine öftreichischen Interessen günstiges Einvernehmen mit dem Papste zu erhalten.

Auch daß Karl sich die Verleihung der großen Lehen vorbehielt, entsprach ganz seiner Idee, daß man nicht viele Herren haben sollte, sondern einen. Die Verfügung über die großen Lehen war stets das Hauptmittel der Kaiser gewesen, sich einen Anhang im Reiche zu sichern. Namentlich die Habsburger hatten es verstanden, hiebei ihre eigenen Interessen zu verfolgen und ihre sonstige Machtlosigkeit dadurch aufzustutzen. Dies hatte sich noch recht deutlich unter Maximilian in der baierischen Streitsache gegen die Pfalz gezeigt, ebenso in der würtembergischen Fehde. Mit solchen Befugnissen stand und fiel noch der letzte Rest der Macht des Kaisers als Kaisers[1]).

Wenn in der vom Kaiser vorgeschlagenen Kreisordnung in dem dritten (schwäbischen) Kreise Würtemberg ausgelassen war, so bedeutete dieses nichts anderes, als daß dieses Land in Folge der Achtserklärung gegen Herzog Ulrich zu der Masse geschlagen wurde, auf die das neue Oestreich sich gründete, und wenn Karl sich die Regierung der Häuser Oestreich und Burgund vorbehielt, so wollte er durch eine solche Ausschließung vom Reich diese Länder den Pflichten und Lasten von Reichsländern entziehen. Der nur dem Kaiser und nicht auch dem Reiche geleistete Eid der Regimentspersonen wich ebenfalls von der früher „auf der Bahn gewesenen“ Regi-

---

1) Es ist in dieser Beziehung bedeutsam, daß in der goldnen Bulle nur einmal von den Rechten des Kaisers die Rede ist. Wenn nämlich die männliche Linie eines Kurfürstenhauses ausstarb, so sollte der Kaiser mit der Kurwürde und dem Kurfürstenthum als an das Reich zurückgefallen schalten dürfen (o 7).

mentsordnung ab und bezeichnete deutlich den Standpunct und die Auffassung des Kaisers in der ganzen Angelegenheit.

Hier waren zwei Parteien, deren entgegengesetzte Standpuncte aus der Politik der letzten 30 Jahre herausgewachsen waren und sich immer mehr consolidirt hatten, zwei excentrische Kreise, die nun sich den Anschein gaben nach einem gemeinsamen Mittelpunct suchen zu wollen.

Es kam zu einer lebhaften Entgegnung der Stände, die zunächst an ihrem Entwurfe festhielten und des Kaisers Project ablehnten. Sie erklärten, daß sie in dem vom Kaiser übergebenen Regimentsentwurf viele Aenderungen und Zusätze ihrer Vorschläge gefunden hätten, sie seien ganz besonders auf das von Maximilian aufgerichtete Regiment zurückgegangen, welches sowohl dem Kaiser, als auch den Ständen des Reichs ehrlich, löblich, prächtig und fast nützlich sein würde. Die Aenderungen und Zusätze seien aus allerlei Ursachen beschwerlich und dem Kaiser in nichts fürträglich, deßhalb sei ihre Bitte an den Kaiser solches Alles gnädiglich zu bedenken und es bei dem Entwurf der Stände zu lassen, der Kaiser werde finden, daß die Stände in allem Diesen nur ihre Pflicht getreulich erfüllten und nichts Anderes als des Reiches Nutzen, Ehre, Frommen und Nothdurft gesucht hätten.

Im Archiv zu Weimar ist das Concept eines lateinischen Gutachtens der Stände „Ursachen warum das Regiment auch in Anwesenheit des Kaisers in Deutschland in Wesen und Uebung verbleiben solle". Dies sei unumgänglich nothwendig wegen der Weitläufigkeit der kaiserlichen Erblande und Königreiche und der daraus erwachsenden Menge von Geschäften. Wenn das Regiment bei der Ankunft des Kaisers sogleich aufhöre, so würde daraus leicht Beschwerlichkeit und Zerrüttung für das Reich erwachsen, besonders wenn der Kaiser

3 *

wegen unvorhergesehener Vorfälle das Reich bald wieder würde verlassen müssen. Der Kaiser könne bei seiner jedesmaligen Wiederkunft in das Reich von dem was mittlerweile vorgegangen nicht so schnell unterrichtet werden, um die Leitung aller Angelegenheiten allein und selbst zu übernehmen.

Ferner erinnerten die Stände daran, daß bei dem Titel des Regiments das Wort „Reich" ausgelassen sei. Auch hatten sie keinen Statthalter des Kaisers, sondern einen Präsidenten gewünscht, indessen wollten sie es geschehen lassen, daß der Rector des Regiments nicht Präsident, sondern Statthalter titulirt würde, dagegen müßten sie die Ernennung von sechs Räthen durch den Kaiser aus vielen Ursachen für beschwerlich halten. Es würden leicht viele Irrungen daraus entstehen, weil dadurch den Kurfürsten, Fürsten und Ständen an ihrer Benennung zu viel abginge und keiner von den Ständen sich hieran gerne verkürzen lassen würde. Auch gebe es einen Schein der Trennung zwischen Kaiser und Reich und ließe vermuthen, als wenn nicht alle Regimentspersonen in des Kaisers und des Reichs Namen da seien und handelten. Es ständen leicht Parteiungen zwischen den kaiserlichen und ständischen Räthen im Reiche zu befürchten, woraus Unordnung entstehen und diese zu des Kaisers Nachtheil gereichen würde. Wenn endlich die Stände in guter Zahl beim Regimente seien, so würden sie und ihre Unterthanen sich zum Gehorsam gegen das Regiment um so geneigter zeigen und die ganze Einrichtung würde dadurch mehr Bestand und Folge haben.

Dagegen machten die Stände dem Kaiser Vorschläge,[1] die ihre Fassung des Regiments allerdings etwas milderten,

---

[1] Im latein. Gutachten sind diese Vorschläge Medium überschrieben, wobei von andrer Hand zugeschrieben „Temperament". —

im Wesentlichen aber an dem zuerst überreichten Entwurf festhielten. Die Zahl der Regimentspersonen sollte diesen Vorschlägen zufolge um 2 erhöht werden und also mit dem Statthalter 23 Personen betragen. Der Kaiser sollte vier Personen zu ernennen haben, zwei als Römischer Kaiser und zwei wegen der Häuser Oestreich und Burgund. In Betreff der Fürstenthümer, Grafschaften und Herrschaften hätten die Kurfürsten, Fürsten und Stände bedacht, daß es bei des Kaisers Abwesenheit vom Reiche, zumal „in geschwinden Fällen", nicht ohne Gefahr sei stets die Entscheidung des Kaisers zu erwarten, weil daraus Unrath, Aufruhr und Nachtheil im heiligen Reich entstehen könne, auch würde dadurch die Administration und Autorität des Regiments vergeblich gemacht. Wenn der Kaiser das Recht der Bündnisse sich vorbehalte, so sei dies den Kurfürsten, Fürsten und Ständen nicht zuwider, wenn indessen solche Bündnisse das Reich betreffen würden, so sollten sie nicht ohne Rath und Wissen der Stände des Reiches geschehen und vorgenommen werden. In Betreff der verfallenen Lehen meinten die Stände, es wäre bei frühern Reichstagen von ihnen für rathsam befunden, die verfallenen Lehen zum Unterhalt des Regiments und Kammergerichts und dergleichen Reichsnothburft anzuwenden, doch wollten sie dem Kaiser das Verleihungsrecht nicht entziehen. Wenn der Kaiser den Vorbehalt der Regierung der Häuser Oestreich und Burgund so verstehe, daß derselbe dem Regiment oder Kammergericht zum Abbruch dienen sollte, so wäre dieses schwer und eine Zerrüttung aller Handlungen dieses Reichstages. Diese beiden Länder seien immer beim Reiche und im Reichsanschlag gewesen und Maximilian habe dem Reiche mit diesen beiden Häusern mehr geleistet, als der Anschlag des Reichs ihnen auferlegt habe. Es wäre also eine gänzliche „Entnehmung und Separation" der östreichischen und burgundischen Lande dem Reiche beschwerlich und dem Herkommen zuwider. Ferner baten die Stände das in der Kreisordnung des kaiserlichen Regimentsentwurfs ausgelassene Herzogthum Würtemberg bei dem Reiche zu lassen. Es würden sonst die Kreisangehörigen des schwäbischen Kreises dadurch beschwert, Würtemberg sei stets bei den Reichsanschlägen gewesen. Auch wollten die Stände, daß die ganze Einrichtung „ehrlicher und prächtiger" genannt werde ein „Regiment" und nicht ein „Rath". Die Regimentspersonen sollten nicht allein dem Kaiser schwören, sondern auch dem Reich, wie es Brauch und Herkommen gewesen sei. Außer dem Statthalter sollte sich noch ein Kurfürst auf den Erlassen des Regiments unterschreiben. Endlich sei es nicht unbillig, daß der Kaiser den Statthalter und seine Räthe unterhalte und besolde.

So die Stände, die, wie man sieht, dem Kaiser gegenüber ebenfalls einen entschiedenen Ton anschlugen. In dem Archiv zu Weimar befindet sich ein Actenstück „Ungeferlich anzeigung was in Jr Majestät übergeben Regiment zugesetzt vnnd vmbgangen ist". Da wird denn die Reihe der Differenzen aufgezählt und namentlich hervorgehoben, der Kaiser wolle das Regiment nur in seiner Anwesenheit und doch sei zu Frankfurt von einem Regiment die Rede gewesen, wie es vormals „bedacht und auf der Bahn gewesen", auch habe das frühere Regiment den Namen von Kaiser und Reich gehabt u. s. f.[1])

Der Kaiser erklärte, er wisse wohl wie vormals durch weiland Kaiser Maximilian und die Stände des Reichs ein Regiment aufgerichtet sei, aber damals habe auch Kaiser

---

1) Arch. z. Weimar Acten d. Wormser Rtgs. I. 155.

Maximilian dafür gehalten, daß es ihm, dem Kaiser, nicht
löblich noch prächtig sei, sondern ihm Verkleinerung brächte
und dem heiligen Reiche in vielen Sachen nachtheilig sei.
Deshalb habe Maximilian das Regiment nicht vollziehen
wollen und auch jetzt gebe der Kaiser den Ständen zu bedenken, daß sie von ihrer Meinung abstehen und seinen Entwurf annehmen sollten, der sowohl dem Kaiser als dem
Reich und den Ständen fürträglich, ehrlich, löblich, nützlich,
gut und beständig sein werde.

Diese Aeußerung des Kaisers scheint großen Unwillen bei
den Ständen hervorgerufen zu haben. In der an den Kaiser
gerichteten Antwort derselben beklagen sie sich bitter über die
Berufung des Kaisers auf die Handlungsweise Maximilians.
Dies sei ihnen mehr denn hoch beschwerlich; auch damals
hätten ihre Vorältern und sie selbst es mit dem Kaiser und
den Reichs-Sachen treulich und gut gemeint, das Regiment
sei auch mit Rath, Wissen und Willen Maximilians eingerichtet worden. Allerdings habe sich der Kaiser durch die, so
ihren eignen mehr als des Kaisers und des Reichs Nutzen
gesucht, und vielleicht noch gern suchten, abgewendet, aber gerade die Aufhebung des Regiments habe, wie Jedermann
wisse, viel Widerwärtigkeit, Aufruhr, Mißfallen und Krieg
für das heilige Römische Reich zur Folge gehabt, so daß
dessen Glieder dermaßen erschöpft, geschwächt und in Abnehmen gesetzt, daß sie sich selbst nicht erhalten, noch dem Kaiser
eine stattliche Hülfe thun könnten. Das Regiment habe zu
keiner Verkleinerung des Kaisers beigetragen, sondern nur zur
Vermehrung von dessen Macht und Wohlfahrt. Deshalb
wüßten die Stände ihre Pflicht nicht besser zu erfüllen, als
wenn wieder ein solches Regiment eingerichtet würde. Es
werde sonderlich gegen fremde und andere Nationen ansehn-

lich und förderlich sein. Der Kaiser solle mehr Vertrauen zu den Ständen haben als zu denen, welche dieselben bei ihm verdächtigten und allen solchen Angaben kein Gehör noch Glauben schenken. Die Stände schlossen ihre Erklärung mit dem Vorschlage, aus einigen kaiserlichen und ständischen Räthen eine Commission zur Berathung über die Differenzen zusammentreten zu lassen.

Hierauf erfolgte „Kaif. Maj. Antwort auf der Reichsstände Bedenken des Regiments halben", eine Erklärung, die außerordentlich ausdrucksvoll und schlagend den Standpunkt des Kaisers kennzeichnet. Derselbe erklärte, es sei seiner Würde, Autorität und Reputation nicht bequem, daß das Regiment Administration und Gewalt haben sollte, daß dadurch die Gewalt, welche der kaiserlichen Würde von göttlichen und menschlichen Gesetzen und Sitten verliehen sei, dadurch vermindert würde. Der Kaiser sei doch durch einhelligen Willen der Kurfürsten zu regieren für tauglich und geschickt gehalten worden und auch dem Rechte nach dürfe dem, welcher mündig sei, kein Curator oder Administrator gegeben werden, es sei denn, daß er um einen solchen bitte. Er getraue sich zu, ungeachtet seiner vielen Reiche und Fürstenthümer, die Verwaltung des Reiches nicht zu versäumen, zumal mit der Kurfürsten, Fürsten und Stände Rath. Wenn das Regiment sogleich bei der Ankunft des Kaisers aufhöre, so sei darum das Reich doch nicht ohne Administration, weil dem Kaiser doch nicht mindere Regierungsgewalt zustehe, als das Regiment gehabt und wenn sich begebe, daß er bald wieder das Reich verlassen müsse, so werde er das Regiment bald wieder aufrichten. Auch würde der Kaiser bei Aufhören des Regiments leicht Einsicht in die laufenden Geschäfte erlangen, wie ja auch die Personen am Regiment, die alle 13 Wochen wechselten, die Sachen also kürzlich fassen und verstehen. Ebenso werde der Kaiser in nicht weniger Zeit mit dem guten Rathe der Stände erkennen, was sich zu gutem Regiment des heiligen Reichs eigne. In dem Titel des Regiments könne das Wort „Reich" nicht bestehen, weil das Reich nicht regiere, sondern regiert werden müsse, es sei also bequemlicher zu sagen „das Regiment des Kaisers im Reich", als „das Regiment des Kaisers und des Reichs". Auf die Beschwerde der Stände, daß sechs kaiserliche Räthe zu viel seien, entgegnete der Kaiser, die Stände sollten nicht vorwenden, daß ihre Zahl gemindert werde, oder nicht sagen, daß sie von ihren Rechten abstehen müßten: die Stände hätten durchaus nicht mehr Recht zur Benennung als ihnen vom Kaiser aus seiner Begnadigung gestattet würde. Die ganze Ordnung des Regiments und die Benennung der Personen stehe in des Kaisers Gewalt und dennoch wolle der Kaiser nicht mehr als den Statthalter und sechs Räthe bestellen und habe zugelassen, daß die übrigen von den Kurfürsten, Fürsten und Ständen ernannt würden. Der Kaiser müsse um so mehr auf der Benennung von sechs Räthen bestehen, als es ja eben nicht des Reichs, sondern des Kaisers Regiment sei. Der Kaiser, hieß es weiter, fürchte nicht, daß zwischen seinen und den Räthen der Stände Zwiespalt erwachse. Er werde solche Personen ernennen, die „alles böses anzischen freh sehn" und hoffe gleiches auch von den Ständen; so werde denn durch einhelliges Gemüth und Willen gut regiert werden. Wenn die Stände meinten, sie würden bei günstigerer Besetzung des Regiments demselben mehr Gehorsam leisten, so machte der Kaiser geltend, es sei gleichviel, ob die Zahl der ständischen Räthe größer oder kleiner sei, diese seien immerhin nur aus Gnaden zugelassen und in jedem Falle müßten die Stände dem Regiment gehorsam sein, der Kaiser müsse also darauf bestehen, sechs Räthe ernennen zu dürfen. In Sachen von Fürstenthümern, Herzogthümern, Herrschaften und Oberketten werde nichts so Eiliges vorfallen, daß man nicht Zeit haben würde des Kaisers Rath einzuholen; bei sehr dringenden Fällen könne man indessen auch „mittlerzeit auf eine Fürsorg auf Kais. Maj. wohlgefallen die versehung und Bestellung thun". Was das Bündnißrecht angehe, so wolle der Kaiser, wenn die Sache es erfordere, den Rath der Stände darüber einholen. Ob verfallene Lehen und Güter zum Unterhalt des Regiments und des Kammergerichts verwendet werden sollten, solle ganz bei dem Willen des Kaisers stehen; er wollte sich in dieser Sache keinen Zwang vorschreiben lassen. In Betreff der Länder Oestreich und Burgund wollte der Kaiser den Fußstapfen seiner Vorfahren folgen und sich dem Beispiel dieser zufolge gegenüber dem heiligen Reich verhalten. Auch sei der Kaiser zufrieden, daß das Herzogthum Würtemberg in seinem Kreise bleibe. Außer dem Statthalter möge sich der Kanzler des Reiches auf den Erlassen des Regiments unterschreiben, damit der Statthalter nicht betrogen würde, aber eigentlich sei es billig, daß der Statthalter allein unter- schreibe, weil er die Person des Kaisers repräsentire. Die Benennung „Statthalter und Regiment" mißfalle dem Kaiser nicht und sie könne an die Stelle der Bezeichnung „Statt- halter und Räthe" treten. Dagegen sollte es bei der vom Kaiser vorgeschlagenen Eidesformel bleiben, d. h. nur dem Kaiser geschworen werden. Es sei unbequem, wenn auch dem Reiche geschworen werde und es sei billig, daß der Eid allein dem geleistet werde, der das Regiment ordne und bestelle.

Diese Antwort des Kaisers schließt mit einer ernstlichen und dringenden Ermahnung an die Stände, sie sollten mit ihm nicht anders handeln als mit seinen Vorfahren, sie sollten ihn auch nicht minder achten; er seinerseits begehre nichts Anderes als des Reiches Ehre und Mehrung mit der Stände Rath und Hülfe zu schaffen.

Diese kaiserliche Note bedarf keines weitern Commentars. Es ist augenfällig, daß der Kaiser seinen absolutistischen Standpunkt dem ständischen schroff entgegenhielt, daß er in jedem Wort, in jeder Bezeichnung diese Seite hervorkehrte, daß er, wo es irgend möglich war, sein dynastisches Interesse wahrte. Was Oestreich, Burgund und Würtemberg betraf, so hatte er wenigstens seine dynastischen Vortheile hier möglichst auszudehnen versucht; bei der Entrüstung der Stände mußte er nachgeben. Es ist aber nicht minder augenfällig, daß der Geist und Buchstabe der Wahlcapitulation mit Aufrichtung eines solchen Regiments verletzt wurde.

Merkwürdig, wie der Kaiser in einem Athem die Stände auffordert mit ihm nicht anders zu verfahren als mit Maximilian, und zugleich, gerade auf letztern sich berufend, eine ganz abweichende Fassung des Regiments verlangt. Allerdings war das Regiment dem kaiserlichen Ansehen verderblich gewesen. Das Regiment von 1500 war nur mehr ein Versuch gewesen die in einer Person vereinigte Macht eines Königs für Deutschland und eines Kaisers für die gesammte Christenheit zu trennen. Das Regiment sollte das deutsche Wesen beschließen, dem Kaiser draußen sollte der alte Titel bleiben und das Streben, seine dynastischen Interessen mit demselben durchzusetzen. [1] Karl dagegen wollte beide Gewalten vereinigt halten, die Wahlcapitulation nur scheinbar erfüllen und die Sonderinteressen der Stände überholen.

---

1) Roßmann a. a. O. S. 210.

Hiernach scheint die Debatte in den engern Schranken einer Commission fortgesetzt worden zu sein, bis man sich denn endlich nach langem Handeln über eine Regimentsordnung einigte.

Wir bekennen von Ranke's Ansicht an dieser Stelle abweichen zu müssen. Ranke [1]) meint, die Stände hätten diesmal unerschütterlich an ihrem Entwurf festgehalten, der Kaiser habe nur einige Milderungen in den Nebendingen erlangen können, während doch offenbar der Kaiser es verstanden hatte, der ganzen Einrichtung die Spitze abzubrechen. Dies zeigt die Regimentsordnung in ihren Hauptpunkten und nicht minder die Geschichte des Regiments bis zu der Verlegung nach Eßlingen.

Den Hauptpunkt hatte der Kaiser den Ständen abgerungen: das Regiment sollte nur für die Zeit seiner Abwesenheit aufgerichtet werden. Ferner sollten Statthalter und Regiment ohne des Kaisers Rath und Willen keine Bündnisse schließen. Die Belehnung mit Fahnlehen behielt sich der Kaiser vor und nur in bringenden Fällen sollte bei Abwesenheit des Kaisers das Regiment die Befugniß haben, auf ein Jahr lang einen Indult zu geben. Ein solcher Indult mußte dem Kaiser gemeldet werden, wo er denn, wenn er noch nicht nach Deutschland zurückgekehrt wäre, den Auftrag zu geben sich vorbehielt, die Belehnung an seiner Statt vorzunehmen. Bei Processen rücksichtlich großer Reichslehen, also Herzogthümer, Fürstenthümer, Grafschaften ꝛc. sollte das Regiment nicht entscheiden dürfen und der Kaiser behielt sich das Endurtheil vor, während das Regiment den Bescheid des Kaisers zu erwarten hatte.

---

1) Deutsche Gesch. I. S. 457 der ersten Ausgabe.

Sobald der Kaiser nach Deutschland kam, sollte das Regiment den Namen eines Rathes haben mit der ersten Gewalt in angefangenen Sachen. In zukommenden Sachen sollte es jedoch ohne des Kaisers Rath und Willen nichts zu handeln haben. Dann wollte der Kaiser innerhalb drei Monate einen Reichstag berufen und das Weitere wegen des Regiments beschließen. Auch sollte der Kaiser das Recht haben dieses Regiment oder Räthe von Nürnberg in eine ihm gefällige Reichsstadt zu verlegen, nur nicht über Augsburg oder unter Köln. Bei bedeutenden Vorkommnissen sollte das Regiment die Pflicht haben, dem Kaiser davon Meldung zu thun, um seine Meinung zu erfahren, ebenso wie die sechs Kurfürsten und zwölf Fürsten davon zu benachrichtigen, welche dann bei dem Regiment erscheinen und zu Nutzen und Frommen des Reiches handeln und beschließen könnten. Wenn es die Größe der Sache erforderte, so sollte das Regiment noch andere Fürsten und Stände zu berufen Macht haben und diese sollten ebenfalls bei dem Regiment erscheinen und dort mit Fleiß und Treue thun und handeln wie sie dem Kaiser und dem Reich schuldig seien. [1])

1) Das Letztere war allerdings bedeutend: es ist doch wohl die Kompetenz einen Reichstag zu berufen. Im Dresdner Archiv ist in der in einem Quartband enthaltenen Urkunde: „Römischer kayserlicher Majestät Regiment, Cammergericht, landtfriede vnd Abschied vff dem Reichstag zu worms 1521 rc." bei dieser Stelle an den Rand notirt „Reichstag" mit alter Schrift wie aus dem 16. Jahrhundert. — Dieser Punkt hat später Differenzen herbeigeführt, welche wiederum ein Zeugniß dafür ablegen, daß die Kurfürsten das Regiment allein in Händen behalten wollten. und jeder selbständigen Regung in demselben entgegentraten. Als das Regiment 1523 einen Reichstag auszuschreiben beschloß, erregte der kursächsische Rath Hans von der Planitz Zweifel, ob das Regiment Macht habe ohne Verwilligung der Kurfürsten einen Reichstag zu beru-

Die Zusammensetzung blieb nach dem Vorbild der Regimentsordnung von 1500, nur war die Zahl der Beisitzer von 20 auf 22 erhöht und der Kaiser hatte die beiden andern zu ernennen. Dies war entschieden ein bedeutender Vortheil, den er vor Maximilian voraus hatte. Dem Letztern hatte kein Recht zugestanden als Kaiser Räthe zu ernennen. Auch daß Karl für Oestreich und Burgund zwei Räthe zu ernennen hatte, war bei ihm ein viel größerer Vortheil als bei Maximilian, weil Letzterer nicht immer auf die Stimme des burgundischen Abgeordneten hatte rechnen dürfen. Karl dagegen war natürlich derselben sicher und konnte somit direkt über fünf Stimmen verfügen.

Die Geschäftspapiere sollten mit der Bezeichnung Ad mandatum Domini Imperatoris in Concilio Imperiali versehen und vom Statthalter und dem persönlich anwesenden Kurfürsten unterschrieben werden. Der Eid lautete: „dem Kaiser getreu" sein zu wollen.

Karl setzte seinen Unterhandlungen die Krone auf, indem er seinen Bruder Erzherzog Ferdinand zu seinem Statthalter ernannte. Diesem hatte er die deutschen Erblande abgetreten: es war sicher, daß die östreichische Politik, die nun schon eine feste und bestimmte Richtung gewonnen hatte in ihm einen Vertreter haben würde. Ihm wurde der Pfalzgraf Friedrich zugesellt und diesem zugemuthet nur Statthalter des Erzherzogs Ferdinand zu sein, was der Pfalzgraf jedoch ablehnte. [1])

sen, weil der Kaiser nach der Wahlkapitulation solches nicht thun dürfe. Es war in Folge dieses Einwurfes, daß der Pfalzgraf Friedrich seine Statthalterwürde niederlegte. s. Köhler Münzbelust. XIX. 305 ff.

1) Dennoch beredete der Erzherzog Ferdinand ihn schon im Mai 1522 nicht mehr Locumtenens allein sondern Fridericus Palatinus Locumtenens in absentia Ferdinandi zu unterschreiben. s. Köhler a. a. O.

So arbeitete Karl den ständischen Bestrebnngen entge-
gen. Es greift über die Grenze der hier gestellten Aufgabe
hinaus seine Politik in Bezug auf die andern Theile der
Reichstagsverhandlungen und auf die Geschichte des Regiments im Weitern darzustellen. Gewiß ist, daß mit dem
Reichstage zu Worms die lange beabsichtigte ständische Regierungsform keineswegs ins Leben trat, daß das Regiment
von 1521 himmelweit verschieden war von dem von 1500,
daß aus dem Reichsregiment ein kaiserlicher Staatsrath wurde.
Damit war in Verfassungsangelegenheiten der Sieg des Kaisers über die Stände entschieden und die nächste Folge konnte
zeigen, daß ein ständisches Regiment im Reiche um so weniger möglich war, als die Gegensätze innerhalb der Stände
selbst dem Kaiser eine bequeme Handhabe boten hemmend
und bindend in die Entwickelung der ständischen Interessen
einzugreifen.

Ueber diese Eingriffe und den übermäßigen Einfluß der
kaiserlichen Räthe hat es später an Klagen nicht gefehlt.
Eine vom Regiment in Speier anberaumte Versammlung zur
Entscheidung der kirchlichen Angelegenheiten verbot der Kaiser.
Als das Regiment sich für den geächteten Bischof von Hil-
desheim verwendete, schrieb der Kaiser „man solle nicht wider
seine Geschäfte handeln". [1] Die Sickingensche Fehde, die Ge-
waltthätigkeit des Bischofs von Würzburg gegen einen ge-
wissen Romiger, die Zollangelegenheit mit den Städten und die
mauldicte secte lutheriane [2], — Alles bot dem Kaiser Gelegenheit eine freiere Entfaltung des Regiments zu hindern. Als
enblich 1524 das Regiment nach Eßlingen verlegt wurde, verlor

---

1) Bf. v. Planitz im Arch. zu Weimar.
2) Lanz, Korresp. Karls V, Leipzig 1844. I. 108.

es ganz den Charakter der Regierungsform, welche 30 Jahre vorher von Berthold von Mainz angebahnt worden war, und es war natürlich, wenn Friedrich der Weise den Reichstag zu Nürnberg, auf welchem das 1521 aufgerichtete Regiment fiel, „assai sdegnato" verließ und die Aeußerung that einen solchen Reichstag noch nicht erlebt zu haben. [1])

So verlief dieser Versuch eine ständische Verfassung herzustellen. Der Artikel der Wahlcapitulation aber, welcher den Kaiser zur Aufrichtung eines Regiments verpflichtete, blieb schon in der Abfassung derselben für Ferdinand weg.

---

1) Ranke a. a. O. 137.

Wir blicken zurück, um die Frage zu beantworten, warum es zu keiner Verfassungsreform kam.

Es hatten eigentlich nur zwei Factoren bei den Verfassungsfragen im Vordergrunde gestanden: das ständische Interesse und das dynastische der habsburgischen Kaiser. Diese beiden Factoren rangen mit einander und schlossen einer den andern aus: man war in einer falschen Alternative und nur in Berücksichtigung eines dritten Factors wäre eine befriedigende Lösung der Frage zu finden gewesen. Konnte man sich entschließen national zu sein, so wäre hiemit der Boden gewonnen gewesen, für eine Verfassung, welche den Anforderungen der Zeit entsprach und schlimmen Krisen vorbeugte. Konnte man es nicht, so fehlte das vermittelnde Moment in dem Kampfe der Stände mit dem Kaiser und die Frage betraf nicht mehr das Recht: sie wurde zur Machtfrage.

Ein auf allgemein-nationale Interessen gestütztes Königthum, das Verzichten auf die Idee vom heiligen Reich, das Zusammenschließen der deutschen Lande zu einem monarchischen Staat konnte zu einer glücklicheren Entwickelung führen. In vielen Ländern war die Scheidung der Nationalität begleitet, unterstützt gewesen von der Befestigung der königlichen Gewalt. Die englische, die französische Nobilität, durch Jahrhunderte lange Kriege geschwächt war den gewaltsamen und

4

hinterlistigen Mitteln der Könige erlegen. In Spanien hatte während des Mittelalters die Nobilität den König zu einem „König der Landstraßen" hinabgedrückt. Aber Ferdinand erhob sich, spannte alle Mittel an die Krone emporzubringen und der hohe ständische Adel begann auf seinen Gütern in schmollender Zurückgezogenheit zu verkommen, abzusterben. Ueberall fühlten sich die Unterthanen Eines Königs auch als Glieder Einer Nation.

Es ist wohl versucht worden auch in deutschen Landen einen ähnlichen Weg einzuschlagen. In mancherlei Reformplanen, welche die Zeitstimmung schuf, in politischen Memoires, in Liedern und Redensarten ist oft und deutlich wahrzunehmen, daß die Empfindung davon vorhanden war, die nationalen Interessen sollten sich an den Kaiser schließen: nur die Monarchie könne das Reich zu einem Staate herausbilden: „Huttens dialogi novi und dessen Beklagung der Freistätte deutscher Nation, die Bücher vom Rothbart und Kaiser Sigismunds Reformation, zahlreiche Landsknechtslieder und Fastnachtsschwänke sprachen es aus, was die Herzen bewegte, der Volksgeist war wach".[1]) Die beiden excentrischen Kreise: das ständische und das nationale Interesse traten deutlicher zu Tage und einander gegenüber. Es war die Zweiheit der officiellen und nichtofficiellen Nation, welche schroffer und schroffer sich geltend machte und entweder in einem mächtigen, nationalen Königthum einen gemeinsamen Mittelpunct finden, oder in zahllose Kreise zersprengt gewaltsamen Katastrophen entgegengehen mußte.

Gerade in dem Mittelstande, dem gesundesten der Zeit, demselben auf welchen sich stützend Luther sein großes Werk

---

[1) Droysen, a. a. O.

hinausführte, erschallten die Rufe nach einem mächtigen Kaiser, nach einer Reformation geistlich und weltlich. Verstand der Kaiser diese Rufe, so konnte er hier Stützen finden, um die territorialen, ständischen Interessen zu überholen.

Als Sigismund bei Gelegenheit des Constanzer Concils an der Spitze der großen Bewegung erschien, welche geistliche und weltliche Reform versprach, da hieß es wohl, er sei mehr als Octavian, mehr als Titus und Vespasian, mehr als Salomo u. s. f. Man wandte die messianischen Erwartungen auf ihn an „Siehe Dein König ist zu Dir gekommen, Du hast ihn gesehen, Du hast ihn gehört und den Du bis hieher mit Schmerzen erwartet, er ist nun da".[1]

Viele Lieder wurden auch „dem edlen kayser Maximilian zu eern gesungen". In einem Liede heißt es

„Sein anschleg seind wunderbarliche
„Darumb ich In gentzlich vergleiche
„Julio dem kayser reiche".[2]

Bei Karls Wahl sang man

„Jetzund so wolln wir singen
„Aus frischem freiem Muth,
„Wills Gott, so wirds gelingen
„Wir stehn in seiner Huth;
„Es kommt in teutsche Land
„Das junge edel Blut,
„Kaiser Karel genannt
„Gott geb ihm alles Gutt!

1) Invectiva in Caesarem Sigismundum im Cod. Lat. 5319 der Münchner Hofbibliothek, worin er an jene Zeit der höchsten Erwartungen erinnert wird s. Roßmann, Betrachtungen über das Zeitalter d. Ref. Jena 1857. S. 43.
2) Soltau, Hundert hist. Volkslieder, Leipzig 1836. S. 213.

„Teutschland soll sich jetzt freuen
„Der edlen Kaisers Zeit;
„Das Gute wird er erneuen
„Den Türk zu Felde leit;
„Er wird wenden sein Toben,
„Rächen der Kristen Blut;
„Was Recht ist wird er loben
„Der edel Kayser gut.
„Er will sein Glück zu Freuden
„Wenden und Einigkeit
„In das Reich geleiten
„Dazu ist er bereit." [1]

Und in einem andern Liede

„Kaiser Karl aus Hispanien
„Ein edler Fürst aus Oesterreich
„Er ist von kaiserlichem Stam,
„Wo findet man seines Gleich?
„In Zuchten und in Ehren
„Ist er ganz wohl erkannt;
„Darnach thut er sich lehren
„Wenn er das Reich soll mehren
„Und aller Fürsten Land." [2]

Namentlich die Wünsche des niedern Adels und der Städte gingen vielmehr auf Karl als auf Franz, weil man den erstern für deutsch hielt [3].

Vor Allem hätte es gegolten eben diesem Mittelstand eine seiner Bedeutung entsprechende Stellung im Staate zu geben. Wohl klaffte zwischen dem niedern Adel und den Städten eine Eifersucht, die erst gehoben sein wollte, ehe diese Elemente zusammengefaßt, geltend gemacht werden konnten.

---

1) Wolff a. a. O. 183 ff.
2) ebend. S. 12.
3) M. J. Schmidt, Geschichte der Deutschen, Ulm 1785. Bd. V. S. 25.

Hans Rosenblut der Schnepperer sang:

> „Der Adel ist ein scharffe gertt
> „Der uns umb unser übel strafft
> „Ir hertz hat eins Diamanten herrt ꝛc." [1]

Aber man empfand auch, daß Vereinigung des Adels mit den Städten noththat gegen die Unterdrückung und Knechtung durch die Fürsten. So warnt ein Lied aus einem fliegenden Blatt jener Zeit „Vermahnung an die freien und Reichsstädte deutscher Nation"

> „Ihr frommen Städt' nun halt't in Acht
> „Des gemeinen deutschen Adels Macht.
> „Zieht den zu euch, vertraut ihm wohl;
> „Ich sterb' wo's euch gereuen soll.
> „Ihr seht, daß ihr mit ihm zugleich
> „Beschwert durch die Tyrannen reich
> „Die itz all andre Stänb verdruckt,
> „Allein sich han herfür gedruckt."

Einen Theil hätten die Fürsten schon bezwungen, nun fangen sie auch mit dem andern an:

> „Und ist allein ihr Muth und Sinn
> „Zu nehmen deutsche Freiheit hin."

Sie sähen bloß auf ihren Nutzen und achteten keinen Ernst:

> „Denn wo man ernstlich Sach beginnt,
> „Als man auf Reichsversammlung sind
> „Da pflegen's nur der Prasserei
> „Und wohnen den Banketen bei,
> „Da wird verzehrt der Armen gut ꝛc."

Und weiter:

> „Drum fromme Städt macht euch bereit
> „Und nehmt des Adels Freundschaft an,
> „So mag man diesen widerstahn
> „Und helfet deutscher Nation
> „Vermeiden Schaden, Spott und Hohn ꝛc."

---

1) Wolff a. a. O. S. 48 ff.

Nur in der Verbindung des Adels mit den Städten sei
Rettung gegen die Zwingherrschaft, wie die Fürsten sie er-
strebten

„Sonst ist kein ander Arzenei,
„Die uns macht dieser Krankheit frei." [1]

Die Gründung des schwäbischen Bundes war wohl ein
solcher Versuch diesen losen Elementen eine Organisation zu
geben. Noch in demselben Jahre seiner Gründung zählte
derselbe bereits 13 Prälaten, 12 Grafen, 350 Ritter, Herren
und Edelknechte und 22 Städte als Glieder, und wie wichtig
derselbe für die Ordnung im Reiche werden konnte, läßt sich
daraus abnehmen, daß er beständig 8—9000 Mann zu Fuß
und über 1000 Mann zu Pferde auf den Beinen erhielt, um
über die öffentliche Ruhe und Sicherheit zu wachen. Offenbar wollte Friedrich III hier ein Gegengewicht gegen den
übermächtigen Kurfürstenbund finden. [2]

Die Einsichtigeren sahen wohl, daß später oder früher
namentlich die Städte in der Verfassung eine Stelle finden
müßten und es war tief staatsmännisch gedacht, wenn Berthold von Mainz das Bürgerthum, wenigstens das reichsfreie,
auf den Reichstagen mit gleichen Rechten neben Kurfürsten
und Fürsten auszustatten strebte, wenn er den Städteabge-
ordneten in den Ausschüssen, deren Bildung damals auf den
Reichstagen üblich wurde, Sitz und Stimme verschaffte. [3]

Auch die neue Steuer- und Kriegsverfassung war ein
Versuch, das Bedürfniß nach monarchisch nationalen Formen
zu befriedigen. Daß nicht nach Territorien, sondern nach der

1) Vogt in Raumers Taschenbuch IX. (1838) S. 521 ff.
2) vgl. Pütter, Hist. Entwicklung 1. 302 und J. Benedey, Gesch. d.
Deutschen III. 562.
3) Ranke a. a. O. I. 90 und Droysen a. a. O. III. 9.

Kopfzahl der Reichsangehörigen die Steuer erhoben, der Kriegsdienst geleistet werden sollte, war ein bedeutender Schritt zur Wegräumung der dicken Schicht, welche zwischen einer centralen Regierungsgewalt und den Reichsangehörigen lag. Aber es zeigte sich bald, daß diese neuen Institutionen nicht durchzuführen seien und daß das ständische Interesse keine solche Beeinträchtigung litt. Man hinterbrachte wohl 1496 Berthold von Mainz die Aeußerung „etlicher Fürsten zum Adel". „Sie hätten wohl gewußt, daß der Adel den gemeinen Pfennig nicht geben würde; denn hätten sie gewußt, daß sie ihn sollten gegeben haben, sie würden nicht zugesagt haben auf dem Tage zu Worms".[1] So lange eben die Verfassung nur forderte, daß jeder Deutsche, ob er mittelbar oder unmittelbar zum Reich gehöre, dem Reiche aus seinem Einkommen steure oder diene, aber keine Form gab, in welcher Aller Interessen vertreten waren, konnte nicht auf Erfolg für solche Neugründungen zu rechnen sein. An diesem Mißgeschick der Finanzmaßregeln mußten die ständischen Einrichtungen, Kammergericht und Reichsregiment zu Grunde gehen. Schon 1505 wurde der gemeine Pfennig durch die alte Matrikelordnung ersetzt, womit denn wiederum hinlänglich ausgedrückt war, „daß nicht mehr jeder deutsche Mann insgesammt dem deutschen Reich zustehe, daß von einem Aufgehen der Territorien in das Reich keine Rede sei".[2]

Dagegen spannten die Kurfürsten alle Mittel an, die Angelegenheiten des Reichs in ihrer Hand zu behalten. Die frühern Kurvereine, das Reichsregiment waren solche Versuche gewesen. Am Anfang des Jahrhunderts zeugt der Kur

1) Jörg a. a. O. S. 4.
2) Droysen a. a. O. III. 23.

verein von Gelnhausen von dieser Politik. Indem die Kurfürsten einen reichsständischen Tag bestimmten und jeder von
ihnen es übernahm gewisse zu dem Zwecke bezeichnete Stände
zu dessen Besuch aufzufordern, indem sie ohne alle Rücksicht
auf den Kaiser ein Programm der Gegenstände für die Berathung entwarfen: Türkenkrieg, Verhältniß zum Papst, Auf-
wandsgesetze, Friede und Recht — war ein solches Verfahren
einer Absetzung des Kaisers gleich zu achten. Ja von dem
Pfalzgrafen hieß es damals, er habe die Wahl eines andern
Königs in Anregung gebracht. So war die kurfürstliche
Oligarchie im Begriff die Erbschaft des Regiments anzu-
treten, die Reichseinheit in einer Art von Gruppensystem
darzustellen, in welchem der Kaiser gar keine Stelle fand.[1]
Noch deutlicher lassen sich die Absichten der Kurfürsten
aus der Wahlcapitulation Karls V. herauslesen, und zwar
nicht blos aus dem Inhalt, sondern aus der Thatsache selbst.
Ganz allein übernahmen die Kurfürsten die Abfassung eines
Reichsgrundgesetzes, welches für alle übrigen Glieder rechts-
verbindlich gelten sollte. Stillschweigend scheint hier die
Wahlcapitulation als ein im Namen aller Stände mit dem
Kaiser geschlossener Vertrag angesehen worden zu sein. Ob-
gleich der Kaiser hier als redend auftritt, verhält er sich doch
eigentlich passiv, die Kurfürsten dictiren ihm diese Punkte.
Es galt eben eine Verfassung zu bilden zum Schutze gegen
etwaige Uebergriffe des Kaisers, wenn anders Fabian von
Feilitsch's Wort nicht in Erfüllung gehen sollte. Als Friedrich der Weise zu diesem nach vollzogener Wahlhandlung ge-
sagt hatte: „Gott hat uns einen Kaiser gegeben zu Gnaden

---

1) Vgl. Droysen a. a. O. III. 20.

und Ungnaden", da hatte Feilitsch bemerkt: „Die Raben
müssen einen Geier haben".[1]

Die Kurfürsten scheinen bei der Wahl Karls den Gewinn
im Auge gehabt zu haben, daß er ein Ausländer war und
seine spanischen und andern Länder häufige Abwesenheit vom
Reiche erwarten ließen. Sie mögen diese Gelegenheit für
günstig gehalten haben, ihre territorialen Bestrebungen weiter
auszudehnen und ihre Oligarchie im Reiche zu begründen.
Sie meinten, ihre Leitung der deutschen Dinge genüge, um
Karl für die deutsche Freiheit unschädlich zu machen. Das ist
der Sinn der Wahlcapitulation.[2]

War schon in den Reformen von 1495—1500 der dritte
Stand bedeutend gegen Kurfürsten und Fürsten zurückgeblieben,
so war hier auch die Bedeutung der Fürsten um eine Stufe
niedriger gestellt. Alles schien auf den Kurfürsten ruhen zu
sollen. Sie allein übernahmen die Summe der Reichsgewalt.
So z. B. ist der 5. Artikel eine Bestätigung des im 12.
Capitel der goldnen Bulle den Kurfürsten zugestandenen
Versammlungsrechtes und im 6. Art. wird „alles Zusammen-
thun der Unterthanen des Adels und gemeinen Volks" ver-
boten. Natürlich lag es im Interesse der Kurfürsten, die
Reichsgewalt nach unten hin straff anzuziehen, weil Vereinigungen der Bauern, Ritter und Städte ihnen leicht verderblich werden konnten. Es war die Zeit der Sickingen und
Berlichingen und die Gährung in den untersten Schichten
hatte in dem „Bundschuh" bereits einen Ausbruch gefunden.
Ferner sollte der Kaiser ohne den Willen der Kurfürsten

---

1) Droysen a. a. O. III. 127.
2) Vgl. Droysen III 426 und Voß a. a. O. S. 311. „Die Wahlcapitulation ist als die vollständigste constitutionelle Grundlage der aristo-
kratischen Korporation dieser „vordersten Glieder des Reichs" zu betrachten".

keine Bündnisse mit fremden Nationen oder im Reiche schließen (Art. 7); ohne dieselben keinen Krieg beginnen (Art. 11). Sie sollten die Steuern zu bewilligen haben (Art. 12) 2c. So erscheint die Wahlcapitulation als ein unzweideutiges Programm der kurfürstlichen Politik.

Damit war die Verfassung aber nicht abgeschlossen und erst die Zukunft sollte zeigen, ob die Kurfürsten im Stande sein würden ihre Rolle durchzuspielen, deren Ankündigung in der Wahlcapitulation enthalten war.

Sie haben diese Rolle nicht durchzuspielen vermocht. Selbstsucht hatte die Capitulation geschaffen, durch Selbstsucht sollte sie illusorisch gemacht werden. Man mochte sich hundertmal hinter Phrasen und Rechtsformen verschanzen; die Frage sollte auf einem ganz andern Gebiete zur Entscheidung kommen: es galt den Kampf um die Macht, und Fechterstreiche warfen dem Sieger den Preis zu.

Hier begegnen wir dem dynastischen Interesse der Habsburger.

Das officielle Reich wollte nur einen Figuranten zum Kaiser und den Ruf nach einem mächtigen, nationalen Kaiser, den das nichtoffizielle Reich wiederholt laut werden ließ, mochten die Habsburger nicht verstehen. Sie waren entweder unfähig zu großen Conceptionen wie Friedrich III., oder zu sehr mit der ausländischen Politik beschäftigt wie Maximilian I. oder ganz undeutsch mit absolutistischer Tendenz wie Karl V.

Die ganze Zeit hindurch hatte die Gerichtsverfassung zum ewigen Pactiren und Unterhandeln zwischen Kaiser und Ständen Anlaß geboten. Friedrich III. hatte die Reichsgerichte willkürlich verwaltet, sie seinem Hofe folgen lassen, wiederholt sich persönliche Eingriffe erlaubt, Urtheile rückgängig ge=

macht u. s. f. Man hatte von Maximilian Reformen erwartet, aber auch dieser avilirte das Kammergericht durch
Errichtung eines Reichshofraths, welcher dem erstern eine er-
folgreiche Concurrenz machte und so entstand „ein Doppel-
verhältniß, welches wieder recht sprechend den Zwiespalt der
östreichisch-kaiserlichen Interessen mit denen des Reichs dar-
legte“. [1] Ebenso gelang es Maximilian dazu beizutragen,
daß die Wirksamkeit des Reichsregiments zu nichte gemacht
würde, und in der That: er siegte in einem gewaltigen An-
sturm gegen die ständische Reformpartei. Die Vollziehung
der Acht gegen den Pfalzgrafen, der Tod des Kurfürsten von
Trier und Bertholds von Mainz machten ihn „omnipotente
tra tutti li principi“, wie Vincenzo Quirini schreibt. Da
mochte er wohl 1505 die Einrichtung eines Regiments vor-
schlagen, dessen Räthe nur in geringen Sachen zu entscheiden
haben, in allen wichtigeren an die Entscheidung des Königs
gebunden sein sollten: „was ihnen darauf durch ihre Majestät angezeigt und befohlen worden, dasselbe und nichts anderes sollten sie handeln und vollziehen“. Begreiflich, wenn
die Stände solche Vorschläge ablehnten. [2]

Gegen Ende seiner Regierung empfahl Maximilian seinen
Enkel zur Nachfolge als einen „deutschen Fürsten“; „er wisse
keinen, der dem heiligen Reich deutscher Nation und gemeiner
Christenheit mehr Nutzen und Gutes thun mag, denn er.“ [3]
Da aber merkte man bald die Gefahr. Oestreich war bereits
ein Staat im Staate, der dem lockern deutschen Staatsver-

---

1) L. Häusser, Deutsche Geschichte I., 72.

2) Müller, Reichstagstheater 440.

3) Dresdner Archiv in einer ungedruckten Untersuchung von H. Peter,
Ueber die Kaiserwahl Karl's V.

band ein= und angeschoben war, Maximilian zwar, der jene
Verbindung mit Böhmen und Ungarn und die spanische Erb=
schaft nur erst in Aussicht hatte und immer in Kriegs= und
Geldnoth war, konnte nicht eigentlich gefährlich werden. Ganz
anders Karl, der die spanisch=burgundische Erbschaft nicht
lange vorher angetreten hatte. [1]) Herzog Heinrich von Lüne=
burg, Schwager Friedrichs des Weisen von Sachsen schrieb
damals an Johann Friedrich man solle Alles gegen Karls
Wahl aufbieten und zu Herzen fassen was dem Römischen
Reiche aus den Widerwärtigkeiten der Häuser Oestreich und
Burgund entstanden ꝛc." [2]) Aber Karl unterhandelte mit
Glück und Geschick, machte die beruhigendsten Zusicherungen
über die Art seiner Regierung, ließ Friedrich dem Weisen
durch seine Räthe mittheilen, er habe ihn „zu seinem Vater
angenommen", empfahl sich ihm für die Wahl: „alsdann soll
von einem Regiment und Ordnung geredet werden mit dem
Rath unsers gnädigsten Herrn als des edelsten Kurfürsten
vorzunehmen". [3])

So ward er gewählt und es wurde „vom Regiment ge=
redet" wie wir darzustellen versucht haben. Die Regiments=
ordnung von 1521 war eine Umgehung der Wahlcapitulation.

Es ist auffallend, daß in der letztern über Besetzung und
Competenz des zu errichtenden Regiments nähere Bestim=
mungen fehlen, da doch darin der Schwerpunkt der Verfas=
sung, liegen sollte, und man, wenn hierüber nichts feststand,
allen Wechselfällen einer mehr oder minder glücklichen Unter=
handlung ausgesetzt war. Karls Räthe mögen Schwierig=

---

1) Vgl. Gervinus, Einleitung in die Gesch. des 19. Jahrh. S. 35.
2) Dresdner Arch. bei Peter a. a. O.
3) Dresdner Arch. bei Peter a. a. O.

kelten gemacht haben Genaueres zu bewilligen und man
meinte vielleicht mit der Bezeichnung „wie es vormals bedacht
und auf der Bahn gewesen" sicher zu gehen. Vielleicht auch,
daß die Empfindlichkeit Karls in Bezug auf Verletzung seiner
Würde, die nicht geringer war als bei Maximilian, die Kurfürsten zu größerer Behutsamkeit veranlaßt hat. Wenn es
eine Unvorsichtigkeit oder übergroße Zuversicht war bei spätern
Unterhandlungen doch die Oberhand zu behalten, so ist diese
Unvorsichtigkeit bestraft, die Zuversicht enttäuscht worden.
Was Berthold von Mainz auf dem Reichstage von 1497
drohend geweissagt hatte, schickte sich nun an in Erfüllung
zu gehen. Er hatte damals die Noth des Landes geschildert
„es sei fast erschrecklich und die Läufte stellten sich gar wild
an, daß man doch billigerweise ernstlicher dazu thun sollte, damit Einträchtigkeit in das Reich komme; wolle man nicht
anders in die Sachen sehen, so möchte Alles leicht scheitern,
wolle man sich nicht anders in die Sachen schicken und ge-
treulicher und fleißiger sich zusammenstellen, so würde leicht
ein Fremder kommen, der Alle mit eisernen Ruthen regieren
werde". [1]
Aber man hatte sich nicht anders in die Sachen schicken
wollen, immer schärfer hatte man das ständische Wesen aus-
geprägt, die kurfürstliche Oligarchie darstellen wollen und was
keine Stelle fand in der Verfassung blieb außerhalb um allmälig morsch und faul zu werden und abzusterben, wie der
Ritterstand, der sich nicht entschließen konnte herabzusteigen
von seinen Burgen, zu brechen mit den mittelalterlichen Tra-
ditionen von Faustrecht und Vergewaltigung, um vielleicht in

---

1) Müller a. a. O. 144.

der Sitte und Art der Städte den noch üppig wuchernden
Kräften eine Richtung zu geben, ein neues Leben zu versu-
chen — oder still aber kräftig im Hause, in Industrie und
geistiger Bildung sich zu entwickeln, wie der städtische Mittelstand, welcher der wesentlichste Träger der kirchlich reforma-
torischen Ideen werden sollte.

Für das Ganze des Reiches aber galt das Wort des
Fabian von Feilitsch: „Die Raben müssen einen Geier haben".

———————